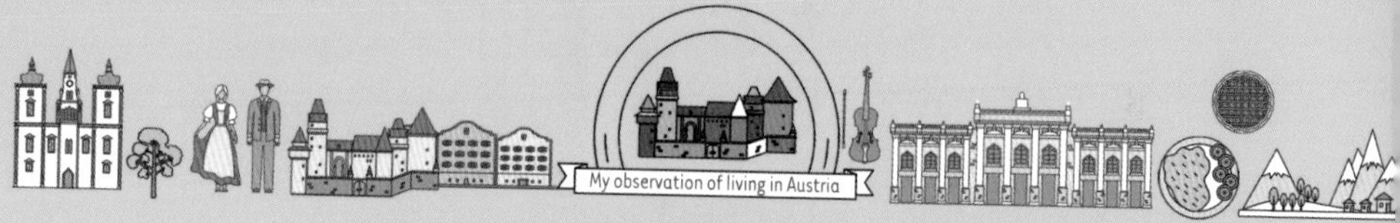
My observation of living in Austria

小國也可以偉大

我在奧地利生活學習的
第一手觀察

楊佳恬 著
CHIA-TYAN YANG

好評推薦

《小國也可以偉大：我在奧地利生活學習的第一手觀察》是楊佳恬送給心愛臺灣與奧地利的生命禮物，以音樂家的身分，努力讓臺灣被國際看見。她昂揚的走向國際舞臺，引領讀者望見奧地利醇厚人情，窺見偉大的小國如何具備堅定的沉默力量，找到國際認同、建立不可撼搖的世界位置，行旅在奧地利的日常，我們讓奧地利走進來，臺灣走出去。

——宋怡慧（丹鳳高中圖書館主任、作家）

我常常認爲，旅行雖好，但是對另一個國度的認識通常難以深入，往往停留在飲食、風景等層次，連看藝術與建築都常流於表面。要眞正了解一個社會，還是得長期居住其中，甚至還要慧心思考、比較觀察。

而《小國也可以偉大》正是旅奧多年的楊佳恬，在異地成長、學習、工作、婚姻的深入體會。本書中關於奧地利教育的深刻描述，最是讓我受益良多，更爲理解：一個社會的美好、國家的偉大，無關其面積與人口，完全取決於每個國民的價値、信念、生活方式。

——謝宇程（教育專欄作家、「珍視」溝通服務事業共同創辦人）

自序

兩個家鄉的連結

轉眼之間，我竟然已經在奧地利生活超過二十五年了。

在這個歐洲的小國家裡，我從一個「臺灣來學音樂的小留學生」，變成「擁有臺灣背景的新奧地利之女」。這是十三歲離開臺灣的我，和爲了讓我出國圓夢而拚命工作賺錢的父母，都完全沒有預料到的。

在某次奧地利外交部的研討會上，因爲我是奧地利政府的親善大使資深志工，所以被推上臺致詞，與在場的社工團體分享自己在奧地利生活中的一些心得。那次研討會的主題是：家鄉，而主持人說了一句深得我心的話：「家鄉，就是一個你了解、也被了解的地方。」

主持人說，這是她曾看到過關於家鄉的敘述，問我是否認同。我點頭如搗蒜，毫不猶豫的回答她：「奧地利對我而言，就是這樣的感覺！」

是啊，並不是只有出生的地方才能稱爲家鄉。當你開始了解、認同一個本來跟你完全沒有任何關連的地方，這個地方的人們也開始了解、認同你，那麼這個地方就有可能成爲你的家鄉。

我在屏東出生成長，小學畢業後，國一只讀了幾個月，就到奧地利追逐我的音樂夢，也一路接受當地教育長大。奧地利對我來說，本來只不過是一個學習音樂的國家，我對她感到好奇，但沒有一絲一毫的情感牽絆。念書的時候，我靠著教琴、演奏、翻譯等方式勉強餬口，學成畢業後，我的居留身分從「留學生」轉換成「藝術家」。過了幾年，奧地利政府頒發了國籍給我。又過了幾年，我與一個奧地利法律人結婚，他的奧地利家庭也成爲了我的家庭。就這樣，我在奧地利落地生根了。

我被這個國家的美麗和醜陋深深吸引。奧地利曾在世界歷史的重要時刻中留下了許多腳印，隨著時間，我一步步細細了解她曾有過的燦爛、黑暗，也了解她肩上的時代矛盾和包袱。奧地利，終於成為了一個我了解也被了解的地方，更成為了我的另一個家鄉。

這本書，我想獻給我的奧地利阿嬤。她，是我奧地利夫婿的外婆。從十多年前的那個飄著大雪的聖誕夜，我們見面的那一刻開始，她就不斷的主動了解我、認同我。外婆的人生完完全全就是濃縮版的奧地利近代史，她的渾身傲骨，對我來說就是奧地利人的最佳寫照。

在編輯過程中，我的主編曾詢問我，是否能夠提供外婆的相片。當時我遲疑不決，不知是否要讓家人面孔曝光。隔日，剛好是我跟婆婆兩週一次的「把臭男生丟下，然後婆媳去按摩兼狂吃蛋糕日」，婆婆開車來接我，我上了車，跟婆婆提到此事，請教她的意見。

她開心的說：「放啊！放這張！」婆婆是那種說走就走、什麼事情都要馬上解決的行動派，她一手抓著方向盤，另一手就去掏皮包，抽出一張護貝照片遞給我，那是阿嬤生前拍的最後一張照片，九十六歲的氣質美女對著我盈盈笑著。

「我想阿嬤一定會很高興的。」她看著前方的車陣，緩緩的說：「你們那時候在臺灣結婚，她身體無法承受長途跋涉，所以沒跟去臺灣，是她這輩子最大的遺憾。」她停了一下，聲音哽咽起來。「這樣終於能讓她跟妳的家鄉連結在一起。我相信，阿嬤一定會很高興很高興的。」婆婆緊抓著方向盤，說著說著就哭了起來。

我是一個在奧地利求學、長大、就業、定居、結婚的臺灣女兒。而我的奧地利外婆、還有我周遭好多親愛的人事物，現在就要跟著這本書，陪我回臺灣，要跟我的家鄉連結在一起了。就請大家跟著我一起來認識他們吧！

目錄

PART 3 美麗景緻背後的沉重包袱

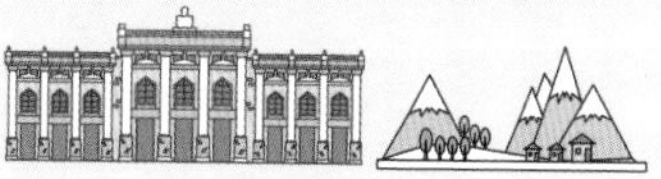

PART 1

從屏東到奧地利，我學到了什麼？

1. 成績並不是唯一

奧地利教育部明文規定，老師在口試時發現學生説錯答案，不宜直接糾正，也不要馬上告訴他正確答案，而是用提示的方式，讓學生去思考自己錯在哪裡，我的老師也確實用這套方式教導我們。

我出生於臺灣的國境之南，父母都來自純樸的屏東鄉村，以非常自我的方式教養著一雙子女。所以我在屏東的童年生活，既快樂又沒有煩惱。

在我成長的年代，看漫畫、武俠小說等課外讀物以及打電玩就等於學壞，但是爸媽從不因為我跟哥哥沉迷於休閒娛樂而罵過我們，因爲媽媽對新事物總是充滿好奇，她甚至還會主動抱遊戲機回家讓我跟哥哥玩，而我學會的第一個英文單字就是電玩術語RPG（role play game，角色扮演遊戲）。

小時候我最喜歡跟在哥哥屁股後面跑了，媽媽工作回來看到我們不在家，就會騎著摩托車在屏東市區裡穿梭，反正我們最常去的地方也就那麼兩三家電玩店，找到在震天價響的電玩機器前的兄妹兩人，再若無其事的把我們帶回家。

我曾問過媽媽，為什麼她這麼放心讓我們隨心所欲的打電玩？她聳聳肩，用理所當然的語氣說：「每個人不是都需要休息嗎？」

大約從小學四、五年級起，我開始看香港言情女作家岑凱倫的作品。有次媽媽看到我手上捧著岑凱倫的某本愛情小說，拿去左翻翻右看看後，皺了一下眉頭問我：「妳才幾歲，看這種東西好嗎？」我小心翼翼的回答：「我只是打發時間而已。」媽媽聽了也只不過聳聳肩，雖然露出不太認同的表情，但也沒有再說什麼就走開了。

那也是一個考不好就體罰的年代。許多家長對於「考卷寫錯就是要重罰，罰到印象深刻，下次才不敢犯錯」這個原則深信不疑，差一分打一下、考不好罰跪打罵，都是家常便飯。我的成績並不突出，名次多半落在全班的中間地帶，在學校確實因爲考不到滿分被打過不少次，但是回到家，我卻從未因爲考不好而受到懲罰，因爲爸媽對成績看得很淡，只要我盡力了，他們就滿意了。考不好頂多就是淡淡的跟我說：「下次繼續加油。」他們的態度影響我很多，讓我對成績的得失心向來都不強烈。

奧地利中學老師們給我的啓發

在我國小畢業之際，因爲當時的鋼琴老師對我敘述了奧地利的音樂環境，讓我非常嚮往，於是便央求爸媽讓我出國學習古典音樂。

爲了讓我出國圓夢，爸媽咬著牙，拚命工作賺錢。在我十三歲那年的暑假，我終於到了奧地利，考上了音樂學院，在同年的秋天，我也開始跟著當地的孩子一起上中學。

我在奧地利學校遇到的大多數老師，跟我爸媽的觀念非常相似，他們都採取非常開放式的思考，並放心讓你去飛，也不會認爲沒有考高分就要懲罰。

平日的課堂上，我們常常要跟老師進行一對一的口試，這意味著得站上講臺，讓全班同學在講臺下面瞪大眼睛看著你，於是我開始在心裡拚命祈禱：「拜託親愛的老天爺啊，不要讓老師問出讓我回答不出來的題目、不要讓我在全班同學的面前『當機』、不要讓我在大家面前丟臉。」但其實一旦口試經驗變得豐富之後，慢慢就會發現，完全沒有必要這樣提心吊膽，因爲老師在考試時多半採取十分理性的態度，不會因爲你回答不出來就發火罵人。

奧地利教育部明文規定，老師在口試時發現學生說錯答案，不宜直接糾正，也不要馬上告訴他正確答案，而是用提示的方式，讓學生去思考自己錯在哪裡，我的老師也確實用這套方式教導我們。

當你在口試時說錯答案，老師不僅不會直接「電」你，甚至還會提點你：「你剛才說的，確定是這樣嗎？要不要再想一下？」這樣的方式其實挺耗時間的，但是我遇過的老師總是好整以暇的陪你耗，直到學生發現自己的錯誤爲止。

大部分的奧地利小學都會提供「課後照顧班」的服務。照顧班的老師會檢查孩子有沒有做功課，看到孩子有錯誤，會引導小朋友：「要不要再檢查一次呢？」有的孩子較細心，可能馬上就會發現錯誤，自己嘗試修正；比較粗心的孩子，可能檢查了半天也沒有發現自己哪邊錯了，但是照顧班的老師不會直接糾正孩子的錯誤，也不會用橡皮擦幫孩子把錯誤擦掉，因爲這麼做，是對本科老師的不尊重。

本科老師要看的不是完美的功課，而是學生眞實的狀況，唯有了解學生的錯誤，老師才能明白孩子當前的需要，也才能教學生如何避免再犯同樣的錯誤。

不過，這並不代表奧地利的老師比臺灣的老師有耐心、熱忱，而是奧地利的系統會在能力範圍裡面，盡量想辦法提供老師一個可以放心教學的環境，不論是家長或是體制，都不會要求老師把孩子訓練成滿分王。

奧地利學校的架構既單純又透明，老師來學校就是教學，學生來學校就是學習，學校不會要求老師跟學生做其他的事情。老師和校長之間的溝通都非常直接，老師也沒有額外的行政外務，像我們中學的行政人員，不過就是校門口的一位門房，以及校長室旁邊的秘書室裡的兩位秘書。想找校長說內心話或是爆料，只需要去敲秘書的門，問校長在不在就可以了。

這裡沒有朝會制度，沒有訓導主任、教官、教務主任、生教組長，也沒有師長、校長訓話的場合，我在學校第一次聽到校長對大家發言，就是在畢業典禮上。

班級之間也沒有整潔獎、秩序獎之類的競賽，學校都有專門的清潔人員，有的學校會在走廊或大廳上展示教職員的照片，也會把清潔人員的大頭照與老師的相片並列擺放在一起，這代表著不論你是來教書或是打掃，都是支撐學校的一分子，各司其職，爲學校盡力。

考試成績都是用級數算的，從一到五級（一級爲最高，四級爲及格）。考完試，我們不會知道其他同學考了幾分，因爲詳細的分數被視爲個人隱私，老師最多只會說：「這次考試有五位同學考一級，三位考二級，五位考三級，四位考四級，三位考五級。」

這個評分方式最關鍵的是，它直接遏止你去斤斤計較那一分兩分，此外也給了你犯錯的空間。一張考卷滿分如果是一百分，九十一分到一百分相等於一級，所以不管你拿了九十七分或是九十二分，都是一級。考八十九分的同學拿到二級，差一分就是一級，也不要覺得倒楣，老師會附註是二級＋，老師也會給你機會，鼓勵你加強平時的表現，如寫作業、上課踴躍發言等，因爲平日表現占總成績百分之六十，考試只占百分之四十。大家的得失心也不會那麼重，因爲一場考試下來，全班也就只有五個名次，而且，還能夠一堆人一起拿第一名呢！

不斷犯錯就是不斷進步的開始

我在奧地利成長的過程中，也接觸了不少臺灣人，正因爲有許多臺灣學生跟我一樣，都是慕名前往奧地利學音樂。我的母校是奧地利格拉茲國立音樂暨藝術大學，有來自六十多個國家的學生，其中就有不少來自臺灣的留學生，也因爲如此，我們學校就像個小世界村，常常可以看到一大群來自世界各個角落的同學湊在一起，各自說著濃厚口音的德文（奧地利的官方語言是德文）。

我常擔任來自各個國家學弟妹的德文家教，訝異的發現，臺灣學生在課業上都極為認眞，文法也能很快就背得滾瓜爛熟，但就是不怎麼開口說德文，或是在開口前會想很久，因此錯失開口的時機。而外國人直來直往，就算發音難懂，文法不通，也毫不畏懼的一直開口，天南地北的亂扯。

一方是文法很好卻不敢開口，另一方是文法亂來卻拚命開口，到最後是誰的進步空間比較大呢？是後者。

原因很簡單，因為不斷開口的人會不斷犯錯，但同時也能透過練習，不斷矯正、調整自己的錯誤。而不開口的人，連犯錯的機會都沒有。

我追問臺灣學生：「為什麼不敢開口？」他們支支吾吾的告訴我，因為深恐自己「說錯被笑」。

多數臺灣人在成長過程中，因爲長期被要求完美，所以一旦犯錯了，就得受到懲罰，於是下意識害怕犯錯。也有臺灣朋友告訴我，她深受「倒扣分」制度的影響，被灌輸「多做多錯，少做少錯，不做就不會錯」的觀念，她的老師曾苦口婆心的告訴學生：「沒把握的題目，直接放棄，連碰都不要碰！」

要走出這些心理障礙，都需要很多的時間及勇氣。我在面對臺灣的學弟妹時，也努力的讓他們了解：犯錯眞的沒有關係！沒有人會笑你的。會笑你的，通常自己的程度都沒有好到哪裡去。

感激學生犯錯，讓我們一起糾正彼此

我自己開始教琴後，也得面對鋼琴學生犯錯的狀況，比如說：彈錯音。我覺得我的責任是幫助他們，讓他們彈錯的機率越來越少，但是我發現，我這麼認眞，一看到錯誤就提醒學生，但是功效卻不大，我感到很氣餒，也曾對學生破口大罵：「跟你講過一百次了，這邊錯了，為什麼還是一直彈錯？」

我回想起中學老師「不直接說破錯誤」的觀念，並思考：學生反覆彈錯音到底是出自於什麼緣故？

1. 把樂譜上的音讀錯，導致彈錯。學生自己覺得哪裡怪怪的，但是卻不知道錯在哪裡。

2. 手指和眼睛調和度不夠，不小心彈錯音，在耳朵裡面聽起來卻完全沒有違和感。

3. 上述兩種的綜合：讀錯、彈錯，耳朵也聽不出來違和感。

第一點其實不難解決，因為多半只是粗心大意，然而第二點還有第三點就是很重要的音樂問題了。聽到學生彈錯時，我會先忍住直接糾正的欲望，先讓學生彈完，然後我再示範給學生聽一次錯誤的版本和一次正確的版本，請學生比較差異。有的學生耳朵比較好，馬上就聽出錯誤了。有的會不解的看著我，回問：「我覺得兩個版本都很對，哪裡有錯？」

這就是我的切入點！聽不出來錯音，表示耳朵還不太了解和聲運作，我可以趁機教一下這裡的和聲環節。漸漸的，只要學生一彈錯，我反而會很高興，因爲沒有比這個更好的機會教育了！唯有自己找到錯在哪裡，並且了解爲什麼錯，印象才會是最深刻的。

這樣確實比較耗時也比較累，有時候我也很想直接用紅筆劃下去，大聲的斥責：「喂！你這裡錯了啦！」不用兩秒鐘就可以糾正，多麼輕鬆愉快又節省時間啊！但那只是對我這位老師是輕鬆愉快的，對學生來說，可是白白錯失一個從錯誤中學習的好機會，而且我後來也發現，雖然這樣確實比較花時間，但是學生漸漸的因爲耳朵越來越靈敏，犯錯的機率變小了！

這樣面對錯誤的方式，當然也可以套用在音樂的其他範圍，如節奏、強弱、音樂表現等等。老實說，我反而感激學生犯錯，因爲這樣才能知道還可以加強的地方在哪裡，我們才能一起來糾正，有時候，我還會被學生調侃：「怎麼我彈錯了，老師妳還一臉很開心的樣子？」也有學生反而喜歡自己彈錯的結果，如果學生堅持，我就讓他們彈自己「錯誤」的版本，有時候還眞的比原版好聽呢！這就是所謂「美麗的錯誤」吧！

用懲罰的方式面對錯誤或是直接揪出錯誤，會讓人害怕犯錯，也因爲不知道自己犯錯的緣由，而喪失了許多眞正的學習機會。透過錯誤，思考錯在哪裡，就能清楚看到問題在哪裡，更重要的是，要了解自己爲什麼錯，並訓練自己去面對、解決自己的錯誤。

2. 念書，只是學生生活中的一部分

奧地利人多半從小就得做家事，反正大人覺得孩子們時間多的是，因為中午就下課了！家裡務農或做生意的，從小在課後也都會幫忙家裡大小事。我就有好幾個學生，十幾歲就做得出一手好菜，日式海苔卷、壽司包得扎實道地，也有學生能夠做出一整桌正統到極點的法國料理，還知道要搭配不同的紅酒！

「學生的本分與責任就是把書念好」、「學生就是應該要專心念書」，這些句子大家應該耳熟能詳，聽起來也似乎滿有道理的。

那麼，專心把書念好之外的其他時間呢？

「學生念書都來不及了，哪來的『其他時間』？」或許你心裡會這樣想。在奧地利，如何引導學子好好調配讀書外的時間，在老師、家長、孩子心中，都是十分重要的。

奧地利學生花多少時間在課業上？

中學一週五天約有二十八至三十二堂課，這裡沒有午休，普遍來說也沒有早自習（不過有的學校會做一些安排，讓成績較弱的同學，提早到學校複習功課。）每間學校第一堂課開始的時間都有些差別，因此下課時間也不盡相同。早上第一堂課如果是在八點左右，平均起來，每天差不多下午一、兩點就下課了。

我在中學時期最常遇到的就是一天六堂課，在我的母校，第六堂課結束的時間是下午一點二十分，通常這個時間大家都餓昏了，不是趕快衝回家吃飯，就是相約去市中心吃午餐。

偶爾有八堂課的話，第七堂課就是自由活動，讓大家吃飯。學校的食堂雖然很便宜，但是東西實在難吃到了極點，福利社賣的麵包和點心種類又少，所以大家寧可餓肚子或是自己帶點心來，而且要在一堂課五十分鐘之內離校覓食然後趕回來，實在是太趕了，這時候就會很懷念臺灣處處有美食的無敵優勢啊！

二十多年前，我常常跟中學同學敘述在臺灣無所不在、迅速又美味的美食，也不免嘲諷麥當勞、漢堡王哪裡算是速食啊，臺灣的路邊攤才是眞的快、狠、準！這時候大家就會超級羨慕，尤其聽我說到手搖飲料店裡琳瑯滿目的飲品，更是聽得一愣一愣的。

這幾年奧地利出現了許多亞洲式的快餐店，也有臺式珍珠奶茶，常常看到金髮碧眼的中學生人手一杯，看了不禁會心一笑。

根據前幾年所做的調查與統計，一個奧地利國中生（相當於臺灣的小五到國二生）和高中生（相當於臺灣的國三到高三生）一週分別花約四十二·五到五十四·五小時，以及四十五·五到五十六小時的時間在課業上面，這個數據包含上課時數、上下學通勤時間、補習家教時數、做功課、準備考試的時間。

我們就拿高中生的最高值，一週五十六·五小時來看，他花在學校上面的時間平均一天不超過九小時，統計中也指出，扣掉這個數據中的上課時數、上下學通勤時間之外，學生在下課後花在功課上的時間，一週平均約爲十小時。

看到這個數據大家可能會覺得訝異，時間也太短了吧！然而，奧地利社會普遍認爲，學生在下課後不應該花太多時間在課業上。有的學校甚至實施「學校的事在學校做」方針，意思就是不讓學生帶課業回家，但是學校每天下午會安排一兩堂課，讓同學們做各科作業。

學生花這麼少的時間在課業上，可能有人會擔心，這個國家的人民會不會很懶？學生會不會都學不到東西啊？看看奧地利學生的外語程度，高中生最少都會說兩個外語（多半爲英文、法文）。我的朋友彼得讀的中學學制是所謂的「人文中學」，這是以歐洲古典語文和哲學課程爲重的學制，彼得在高中畢業的時候，一共會五種外語：古希臘文、拉丁文、英文、法文、西班牙文。

事實上，雖然奧地利上課以及學習時數比臺灣的學生低很多，但是相對的，學校要求你在校的每一分、每一秒都要全力以赴，而且奧地利的學校都是小班制，老師認識自己所有的學生，所以也必須仔細觀察學生平常的上課態度，因爲平日表現被視爲比考試成績還重要，這些都是會被列入成績裡面的！

放學後還得進補習班，不是很浪費時間嗎？

我在奧地利也教了快二十年的鋼琴，偶爾也赴學校演講，所以有許多與奧地利學子互動的機會。我的家鄉臺灣對學生們來說，是個很遙遠、很難以想像的國度，他們也都興致勃勃的想要了解臺灣的學習環境。

我跟他們提到，臺灣的學生必須念很多書，就連寒暑假有時候也得進學校複習功課，不少人在下課後還會去所謂的「補習班」上課，孩子們都難以置信。

奧地利雖然也有類似補習班的校外學習機構，老師會帶領著大家共同複習功課，但是規模都很小，提供的也是小班制，所以參加的人數極少，我自己沒有上過，周遭也沒有任何朋友去上過補習班。而且與其說是補習班，不如說是家教仲介，會幫學生安排家教老師。

我有時難免會對我的學生們曉以大義：「你們眞是人在福中不知福，只會一直抱怨學校考試太多、沒有時間練鋼琴，你們都不知道亞洲的孩子多麼辛苦……」話聲未落，孩子們就開始追問：「那這樣，臺灣學生不就沒有時間做自己的事情了嗎？」

言語間，是濃濃的擔憂。

我解釋：「是比較沒時間，但是大家還是會想辦法擠出時間來，做一些自己想做的事，而且因爲家人也多半會體諒在學的年輕人課業壓力重，所以滿多學生在家不用做家事。」

奧地利學生聽到這個，眼睛都亮了：「那我也想要很忙，這樣就不用做家事了！」害我聽了差點跌倒。

奧地利人多半從小就得做家事，反正大人覺得孩子們時間多的是，因爲中午就下課了！所以家裡如果是務農或做生意的，孩子從小在課後也都會幫忙。我就有好幾個學生，十幾歲就做的出一手好菜，日式海苔卷、壽司包得扎實道地，也有學生能夠做出一整桌正統到極點的法國料理，還知道要搭配不同的紅酒！

有孩子問我：「臺灣的學生上學一整天，下課後還要去補習班，會不會覺得很痛苦？」

我回答：「對有些人來說確實很辛苦，但對有些人來說，補習班老師會幫你整理重點，幫你釐清不懂的觀念，所以去補習班或許眞的能夠幫助課業。另外，補習班也漸漸發展成一種學生的社交文化，可以在這裡認識其他學校的學生，附近也會有很多美食攤販，大家在去補習班前常會一起買各式各樣的食物。」

奧地利孩子的反應總是讓我啞口無言，也叫人深思：

「爲什麼不自己整理重點？念書不是自己的事情嗎？」

「如果有不懂的觀念，不是應該去問學校老師嗎？他的責任不就是要把我教懂嗎？」

「如果補習班這麼棒，那爲什麼還要去普通的學校上學？這樣不是很浪費時間嗎？一天上學兩次難道不會覺得很不划算嗎？」

奧地利學子的課外活動

奧地利的學生校外時間這麼多，那麼他們都在做什麼呢？這裡的孩子也「學才藝」嗎？是的，這裡的父母，也想讓孩子多學一些不同的事物，種類也是五花八門，只是他們不叫做學才藝，而是很饒舌的「空檔時間的布置」（Freizeitgestaltung），意即「休閒活動」。

歐洲人瘋狂迷足球，所以足球可算是最常見的「動態才藝」了，夏天在露天的足球草地上奔跑，冬天外面天寒地凍，就在室內訓練。然而以阿爾卑斯綿綿雪白山脈著名的奧地利，最風行的冬季運動應該就是滑雪了，國際各式滑雪大賽，前五名裡面有三個奧地利人也不奇怪。騎馬或是馬術[1]也頗爲流行，在郊外不時都會看到馬場，在鄉間也不時會看到有人以馬匹代步，其他如游泳、潛水、帆船等水上活動，也是極受歡迎的。

---

[1] 位於奧地利首都維也納的「西班牙皇家騎術學校」（Spanische Hofreitschule），是全世界最古老的馬術學校，從文藝復興時期至今，已超過四百年的歷史，是奧地利的國寶，也被列入聯合國非物質文化遺產名單。能在裡面擔任薪水優渥的騎士，是眾多騎士的夢想。連馬匹退休後都會受到國家的照顧，在風景優美的山間馬場中度過餘生。

許多高中生也都會被爸媽送去上國標舞，也順便上社交禮儀課。因爲在高中的畢業舞會上，畢業生都得開舞，所以國標舞學校都會把握這個商機，推出各式專門爲學生量身打造的課程。

我看過最勁爆的才藝大概就屬賽車了，奧地利還出過三個「一級方程式賽車」的冠軍。我也看過有孩子沒幾歲就被家長送去學賽車，小孩坐在賽車裡面狂飆著，真心覺得家長的心臟實在好強啊！

以靜態的才藝來說，繪畫、音樂可算是最受歡迎的才藝！除了鋼琴、木笛、小提琴這些熱門樂器外，最常見的就是木管以及銅管樂器了。奧地利是個擁有許多鄉村的國家，而絕大多數的鄉村，都有自己的「管樂隊」，不然就是好幾個村莊湊在一起組管樂隊。奧地利全國上下有近兩千兩百個管樂隊，老少都可以參加，在村莊有節慶的時候，管樂隊就會穿著傳統服飾出來遊街，好不壯觀。

我在念中學的時候，校方也會爲學生安排動態的休閒活動，我們的校外旅行多半以運動爲主，學校就曾爲我們安排過滑雪週、馬術週、網球週等等。印象最深刻的就是馬術週，每人分配到一匹馬，還要騎馬在森林裡面穿梭，聽起來似乎很夢幻、很浪漫，實際上卻讓我們叫苦連天，結束後，雙腿都是痛到幾乎不能動。

平日時，語言科的老師也不時會問大家，要不要在校外時間一起去看歌劇、音樂劇、話劇、電影等，因爲可以正大光明的在晚上跟同學一起出門，加上學生的團體票價都非常便宜（有時比看電影還便宜），還可以打扮得漂漂亮亮去劇院，所以大家也都很熱中。

我自己的鋼琴學生們上了高中後，在排鋼琴課時，會很正經的跟我說，千萬不能撞上他們去做社會服務的時間。我才知道，原來這些年來，許多中學會安排高年級的學生到社會機構觀摩，學生們藉由這樣的經驗，開始有自己是社會的一分子的意識，也眞心參與社會服務的工作。看著我的學生們神采飛揚的對我說：「我覺得自己的休閒時間變得好有意義喔！」我理解到，這樣的課外活動還能培養學生的社會責任感呢！

1 2
3

1 跟鋼琴課學生一起做壽司卷，奧地利家長認為，除了學習，生活也很重要。

2 跟鋼琴課學生一起音樂發表。

3 中學的校外活動騎馬週。我曾經在這個馬場裡，從馬上摔下好幾次，跌得滿身是泥。

3. 睡覺，乃全民活動！

她覺得在餐廳能夠訓練孩子與人相處，對於個性比較柔弱的兒子，她相信這些是學校裡面學不到的。「而且他現在自己會賺錢，就不會跟我要零用錢了！還會買禮物給我呢！」她眨眨眼，大笑起來。

除了琳瑯滿目的休閒活動之外，奧地利學生其實花很多時間在睡覺。是的，你沒有看錯，睡覺。

睡覺，是奧地利人在成長過程中，非常重視的一個項目，因爲大家都認爲，只要睡得飽、睡得滿足，就有足夠的體力跟精神，面對每天的挑戰，孩子也才能頭好壯壯的長大，可以說是一種「睡覺皇帝大」的概念。

三歲到五歲的小朋友晚上睡滿十二、三小時不稀奇，小學生睡上十、十一小時，國高中生睡滿八小時也是見怪不怪。國中生、高中生多半是九點到十一點之間上床睡覺，偶爾念書念到半夜，就算是不得了的認眞，隔天就會跟同學炫耀了。

幼稚園到小一、小二的孩子，通常晚上六點半到七點間，爸媽就會催促洗澡、換睡衣，準備睡覺了。小朋友在七點到七點半之間被趕上床，比較小的聽爸媽唸床邊故事，比較大的看看書或是獲准滑滑平板看卡通，最慢八點就全數躺平了，一路睡到隔天早上。

我陸陸續續教了不少五歲到七歲的鋼琴學生，就會特別注意上課的時間，因爲家長都會跟我要求，孩子的鋼琴課最遲晚上七點一定要結束，因爲之後就要準備上床睡覺了。

穿著睡衣上鋼琴課

我有一些學生是兄弟姊妹，我一個人移動比家長送三、四個孩子過來方便，所以我就會乾脆到這些學生家裡上課。我的小小朋友很可愛，如果我是傍晚過去，他們會直接穿著可愛的睡衣上鋼琴課，彈完就去睡覺了。

也是因爲睡眠充足，所以學生在學校上課的時候，多半精力充沛，在課堂中幾乎看不到學生因爲熬夜而打瞌睡。我在奧地利就讀高中的時期，有幾次回臺灣找朋友玩，並跟著朋友去上學，朋友就讀的中學裡的老師也很好，就讓我整天跟著旁聽。

因爲我出國後，就沒有國文課了，所以我在聽國文課時是如癡如醉，但是看看四周，同學們竟然看起來都十分疲累，有些同學半睡半醒，眼神明顯放空，不然就是光明正大的趴著睡，老師顯然習以爲常，也沒有勸阻，繼續講課給看起來還清醒的人聽。

我看得目瞪口呆，因爲我在奧地利從來沒遇過這種狀況，如果有奧地利學生膽敢在課堂上睡覺，家長可能就會被約談了。後來想想，可能因爲臺灣學生都要念很多書，老師也心疼，不忍心喚醒他們，所以就讓他們繼續睡吧！

課業和生活技能，都重要！

也有不少奧地利家長會鼓勵孩子出外打工，有個朋友的大兒子正值念高中的十六歲，他給我的感覺一直是一個柔弱、愛念書的男孩，有次跟他聊天，意外的得知他每週末都在一家餐廳打工，已經連續半年，從無間斷。

朋友說，孩子每個週末工作回來就是倒頭大睡，看了不是不心疼，但是孩子從來沒有抱怨，她只得勉強壓下自己不捨得孩子累的心情，沒說什麼。

她覺得在餐廳能夠訓練孩子與人相處，對於個性比較柔弱的兒子，她相信這些是學校裡面學不到的。「而且他現在自己會賺錢，就不會跟我要零用錢了！還會買禮物給我呢！」她眨眨眼，大笑起來。

學生正值充滿精力與吸收能力的年紀，想做的事情也很多，在奧地利的師長與家長的觀念中，學校的學習十分重要，也會對孩子在課業上的表現有所期待。但是在學校的學習以外，如何調配和應用自己的時間、如何從小培養生活技能，也是奧地利人特別重視的。

想想，奧地利學生的責任也不輕，除了念書以外，更要學會做家務、安排休閒活動、安排自己的生活、學會自己照顧自己，也是很花時間和精神的。換言之，就是要你早早成爲獨立的大人啊！

4. 好好的接受讚美，然後微笑說謝謝

奧地利這樣的價值觀影響了我很多，我後來聽到讚美，也懂得大方的說謝謝了。剛開始下意識還是會有一堆的「小劇場」，擔憂別人是否會認為我很自傲，漸漸放開這些想法後，訝異的發現，我竟然開始對自己比較有信心了。

我第一次見識到奧地利人如何回應讚美，是在念國中的時候。一位同學在下課後拿出她與家人去滑雪的相片，讓大家傳閱著，剛好一位老師經過，也探頭看了一眼。老師點點頭，用著肯定的語氣說：「妳滑雪的姿勢非常正確也很漂亮呢！」

同學聽了眼睛一亮，開朗大聲的回應：「謝謝老師您的讚美！」老師說：「不客氣。」然後就這樣走開了。

看得我瞪大眼睛，說不出話來。

臺灣的謙遜教育

在臺灣的成長環境裡，總是教導做人要謙虛，印滿勵志名言的書籤會告訴你「稻穗越飽滿，頭就越低」，大人們一再重複〈龜兔賽跑〉[2]的故事，不時提醒你「虛心使人進步，驕傲使人落後。」在這樣的成長環境下耳濡目染，所以在應對進退上也格外小心，就怕自己顯露出些許的驕傲與自滿。

被稱讚時，會下意識的努力自貶：

「沒有啦，是我運氣好啦！」「眞的只是僥倖啦！」（明明下了很多工夫，拚得要死，與運氣有什麼關連？）

「您過獎了！我要加油的地方還有很多。」（其實人家只不過是說出事實，哪來的過度誇獎？）

「哪有啊，根本很爛好不好！」（自認表現不佳、心情鬱悶，覺得自己配不上這些溢美之詞。）

不僅在面對讚美時必須百般表示自己不夠資格，就連收禮物的時候，我們也難免要推拒一番，方才收下。

「這樣怎麼好意思，您太客氣了！」（明明看到禮物好開心，可是還是要推拒一番，人家禮物都買了，難道是要對方拿回去退嗎？）

「不行啦，怎麼可以！」（許久未見的長輩拿出紅包，心裡其實是驚喜、感動，但還是要露出很爲難的表情。讓長輩強迫式的硬塞到你的口袋或包包裡面，最後還要貌似痛苦的勉強收下，嘴巴還要不斷道歉。）

不過有一句面對他人讚美的回應我卻很喜歡：「那是你不嫌棄啦！」這句話帶了點自嘲、帶了點傲嬌，不知道爲什麼，總是讓我覺得挺溫馨的。

臺奧截然不同的「吵架」情趣

我先生在跟我交往差不多一年後，首度跟我回臺灣。

我們去夜市吃小吃，我爸媽在餐後去找老闆付帳，他沒有起來搶付錢也就罷了，還直接傻笑的說「謝謝」，連客套說個「這怎麼好意

2 我從小就對這個故事存有許多疑點，為什麼兔子要跟烏龜賽跑？撇開兔子是用跳的，烏龜是用爬的不說，完全不同種類的動物又要如何比賽呢？

思！」都沒有。我心裡警鐘大響，並自責：「啊！我竟然忘了教他，在臺灣，他人的禮物、請客、讚美，都要推拒一下才能接受的！」可是看他吃炒米粉吃得津津有味，實在捨不得跟他曉以大義。

跟著我出門幾次，他終於見識到臺灣人聚會後「搶」付錢的狀況，他壓低聲音的偷偷問我：「他們為什麼那麼大聲的在吵架？」我說：「他們都想付錢。」他又問：「那為什麼被請客的那些人看起來很痛苦，還一直碎碎唸？」我笑開了，神秘兮兮的告訴他：「這你就不懂了，這可是臺灣人獨特的生活情趣啊！」

趁這個機會，我開始對他循循善誘：「有人要請客，你要稍微表示不好意思的樣子。」他很難理解，問我：「有人要請我吃飯，我很開心、很爽啊！我當然要馬上跟人家道謝啊！如果不想欠對方人情，那下次再回請對方不就好了。」我翻了一下白眼：「你好好觀察，其實這是很獨特的臺灣場景！」

出去吃飯，他仔細觀察了幾次其他客人搶付錢的狀況，似乎慢慢開始覺得這個習俗是臺灣人的「生活情趣」，帶有濃厚的儀式性質，讓他覺得很有挑戰性。

在跟我爸媽出門的時候，這個奧地利人決定要入境隨俗，我媽要付錢的時候，他開始會做出一副扭捏樣，臉上一副「怎麼好意思讓我女友家人請客」的表情（孺子可教也！）而且還試著擺出「闊佬」的樣子搶付錢，可是他怎麼可能搶得過呢！後來，他跟我媽媽兩人倒達成了一個很有意思的共識：「My country, I pay.」（我的國家，我付）。意思就是，在臺灣出去吃飯就是我爸媽付，在奧地利的話，就是他付。

而我呢？不管誰付，都是我贏。我只要負責吃就可以了！

學習接受讚美

我花了很多時間才了解，爲什麼奧地利人聽到讚美都會好好的接受，並說謝謝。

在他們的觀念裡面，不管你對自己的看法如何，當別人覺得你好，你就要尊重他的看法。或許你眞的覺得自己做得不夠，但是他人如果眞心覺得你好並讚美你，表示你在他的心中是夠好的。這時你該做的其實很簡單，就是誠心誠意的接受。

如果人家跟你說「你好棒」，你卻回應「哪有啊，根本很爛好不好！」對方會錯愕的覺得，你是否不信任他的判斷能力？是否覺得他不夠資格讚美你？由此可見，我們有時過度自貶的回應，讓不同文化圈的人們看起來，是極不禮貌的。

奧地利這樣的價値觀影響了我很多，我後來聽到讚美，也懂得大方的說謝謝了。剛開始下意識還是會有一堆的「小劇場」，擔憂別人是否會認爲我很自傲，漸漸放開這些想法後，訝異的發現，我竟然開始對自己比較有信心了，也比較不會羨慕別人比我好，並開始學習去觀察別人的好表現、適當的稱讚別人，看見對方欣喜若狂的說「謝謝」，那個感覺眞的好甜蜜啊！

我開始教琴後，因爲家長們也都很忙碌（是誰說歐洲人都很悠閒，天天坐在河畔喝咖啡的？）所以有時候也很難見到家長一面，很難有互動，感覺在孩子的作業簿上寫一些感想，家長似乎也不見得會看，所以我就開始用手機傳訊息給家長，敘述我對孩子學習狀況的看法，孩子表現不好，我請家長務必注意關心；孩子表現優秀，我也一定表達肯定，也因此常常會收到家長開心的回應。

也有家長會主動傳感性的訊息跟我說：「每次孩子上完課回到家，看到他動力滿滿的樣子，讓我們全家人都好想學鋼琴喔！」

有次，一位媽媽來接她九歲的女兒下課，我們在門口聊了一下，我告訴她，孩子在課堂上的表現非常好。

媽媽摟著孩子，眼睛亮晶晶的說：「謝謝老師妳這樣稱讚她！我也對她感到好驕傲啊！每次她在練琴，我就會在旁邊燙衣服，這就是一天中我最放鬆的時光。」

小女孩被稱讚的不好意思極了，躲到媽媽身後，媽媽笑著，又把她推到我面前，低頭問她：「老師稱讚妳了，這時候我們要說什麼？」

孩子抬頭害羞的看著我，臉紅紅的，用嬌嫩的童音說：「謝謝妳，楊老師。」

不吝嗇讚美身邊最親愛的人

我接觸到許多奧地利家庭，都是不吝稱讚自己的家人，也很勇於跟家人道謝。讓我感覺到，越是親愛的人，就更應該要好好的互相讚美和道謝啊！

我跟先生去參加朋友的婚禮，婚宴設在維也納森林中一家小餐廳，九彎十八拐，好不容易才到達這個藏在山谷中的小天堂。所有的布置都是新娘自己設計的，非常優雅。

宴席到一個段落時，新娘的爸爸站起來致詞，非常幽默風趣的說了一些新娘小時候的糗事，新娘坐在旁邊，看得出來有點窘迫又哭笑不得。

這時新娘的爸爸口氣一變，充滿感情的說：「她從小就不讓我們擔心，長大後在感情上摔倒了好幾次，我們很心疼卻也不知道該如何幫助她，但她卻一直保持著正面的態度，直到最後終於遇到了真命天子。」

爸爸的聲音有點哽咽了，他深呼吸，低頭看著坐在身旁的女兒說：「看到妳今天這麼幸福漂亮的模樣、看到妳把婚禮會場布置得這麼漂亮，你們兩人如此用心給大家這麼一個難忘的婚禮！我真不知道該如何告訴妳，我跟妳媽媽心裡有多麼驕傲！」他說完這段話時，好多人都伸手拭淚，也用力的鼓掌。

爸爸不好意思的笑了一下，繼續說：「最叫我驕傲的不是妳今天這麼漂亮，當然我也很驕傲自己的女兒這麼漂亮啦！」全場的人都笑了，爸爸的表情又正經了起來，慢慢的接著說：「我最驕傲的是，不管遇到多少困難，妳也一直堅持要做自己，要走自己的路。妳今天得到的幸福，都是靠自己努力爭取到的。我驕傲，因爲我竟然是這個了不起的女孩子的爸爸！」

平常看起來總是強悍冷靜的新娘，這時眼睛已經蓄滿淚水，二話不說，站起來緊緊抱住爸爸。

我在我的奧地利家庭身上，也見證過動人的場景。前幾年先生跟我帶公婆去北非度假，這是公婆第一次跟我們出門這麼久（整整一個禮拜），其實在行前，我感到十分擔心，因爲我度假的時候跟樹懶差不多，只想整天趴著不要動。我擔心這般懶惰的樣子會讓公婆不高興，事實證明我根本多慮了。

到了下榻的旅館，習慣早起的公婆提議「每天七點的時候在一起吃早餐」時我支支吾吾的說：「我不想那麼早吃早餐。」聲音越來越小……公婆都愣了一下，然後婆婆歪著頭跟我說：「喔好，沒關係，我們是來度假的，妳就睡飽一點。」

有了長輩的「免死金牌」，我就放心的給他睡下去。每天清晨我還在呼呼大睡的時候，我先生就乖乖起床，以代表我們兩人的身分陪公婆吃早餐。七天中，我沒有一天下去吃早餐（婆婆還很體貼的拍了一堆早餐的相片給我看），每天都睡到近中午。

我這有耐心的先生會等我清醒後，先陪我去覓食，然後再懶洋洋的到海邊泡水。每天晚上我們一家人會找不同的餐廳吃飯，再逛逛無聊的夜市（唉，哪裡的夜市比得上臺灣的多采多姿呢！）

一個禮拜很快就過去了，回程時，我在機場綁大家的行李牌，平常頗嚴肅的公公，突然踱到我身旁說：「謝謝你們，讓我們跟著一起度假，也謝謝你們把行程安排得這麼完美，我們玩得很開心，謝謝。」他一連說了好幾個謝謝，我手上拿著行李牌，有點傻住了。公公似乎也挺害羞的，我還來不及回應，他就擺出「我是嚴肅的公公」的表情踱開了。

我先生其實並不是一個多浪漫的男人，但我驚訝的發現，他也常常會稱讚家人。

每次我們去拜訪公婆，婆婆會在一大早就起床，在廚房忙上好幾個小時，再把餐桌布置得相當唯美，每個人的座位還會放上裝飾用的花朵、巧克力、卡片。跟所有天下的媽媽一樣，用餐時她完全坐不住，常常在廚房跑進跑出，叫她不要再忙了也不聽，而她兒子只要吃每一道菜，就會很「狗腿」的讚美「好好吃！」把我婆婆逗得笑個不停（不過我婆婆的手藝是眞的驚人）。

有一次，我在用餐後把餐盤端到廚房時，眼角瞄到我先生搭著他媽媽的肩膀，半背對著我，一本正經的說：「媽，謝謝妳今天煮這麼多好菜給我們吃。又讓妳累到了喔？」我聽到婆婆帶點哽咽聲回答：「不客氣。你們回來我最高興了，怎麼會累！吃得開心就好！」

我站在廚房門口，看著嬌小的婆婆靠在高大的兒子旁，不想打擾他們，於是躡手躡腳的退開，把這個美好的時刻留給他們母子倆。

這是一個充滿暴戾氣息的世界，我們真的需要多一點溫柔的語言。別人的讚美就像是禮物，送給我們就雙手接過並好好的收下，不要覺得自己沒有資格接受。說「謝謝」，不代表你不懂得謙虛，而是謝謝別人願意給你讚美，也謝謝別人看到你的付出以及努力。

5. 從小學習人與人之間的情感流動

不僅平輩間的戀愛關係、性愛關係需要好好面對，在奧地利人的觀念裡，與長輩、師長的人際關係，也得好好練習。

中學生談戀愛，是成長的必經之路

我在奧地利中學有個很要好的同學，綽號叫做「小蜜蜂」，她是一個耀眼的金髮女孩，也是我們班第一個高調公開交男友的女生。

那時候她十五歲，男友是工專的學生，大她一兩歲，眉目清秀，戴著一副超文青的眼鏡，看到老師也會彬彬有禮的打招呼。眼鏡男總站在校門口等小蜜蜂下課，小倆口那晒浪漫的樣子，總是羨煞我們這群同學。

我們學校當時是女校（我畢業幾年後，學校改制，現在已經是男女合校），印象中，學校比較直接對我們提出的要求，最主要就是穿著。來學校的時候，別穿細肩帶、袒胸露背的上衣，別穿短到可以看得到小褲褲的迷你裙，別在校內以及門口吸菸，校外抽菸學校則從不干涉，因爲奧地利滿十六歲即可合法購買香菸[3]。對於學生在校外的行爲，像是談戀愛，學校也不會干涉，算是一種「學生個人私事，他人不得插手」的概念。

話說，小蜜蜂跟眼鏡男的感情生活一直很順利，雙方家長也都沒有意見。交往好一陣子後，有一次小蜜蜂來學校的時候，兩眼紅通通的，大家驚呼：「妳怎麼了？」她眼眶濕濕的說，在家裡跟爸爸起了爭執，因爲男生邀請她去他家過夜，她在餐桌上問了父母，媽媽的態度是不置可否，說她自己要注意。結果爸爸的態度非常激烈，說：「絕對不可以！」

「我都多大了，他竟然還把我當成小孩子！」她極爲氣餒的說。

第一堂課的女老師進了教室，看到我們圍成一團，皺眉問：「妳們在幹嘛？」同學們像是見到救星，七嘴八舌的問老師，如果被爸爸禁止去男朋友家過夜，該怎麼辦？

老師很認眞的聽小蜜蜂抱怨，微笑的說著：「這時候妳不可意氣用事！既然妳覺得自己不是小孩子了，那就要好好的跟爸爸討論，讓他了解，妳會爲自己的行爲負責任。」

老師顯然覺得這是很好的機會教育，就對我們說：「妳們現在都是在轉大人的時候，跟家裡也會有許多衝突，先冷靜下來，然後站在對方的立場，想一下他們爲什麼這麼說，再接再厲，繼續溝通！如果這麼輕易就放棄，不就代表這段感情對妳來說沒那麼重要嗎？」

然後，老師好溫柔的說：「妳們再過不到幾年就成年了，到時候會成爲一名年輕的女性，而不是小孩了，這對妳們的家長來說，是

3 在二〇〇五年的統計中，十六到十九歲的奧地利抽菸人口竟然高達五十五％。長期推廣教育下，如今已下降至二十四％，依舊還是高於歐盟平均數據，但其實許多年輕人是因為同儕壓力而開始抽菸。
因為高中生抽菸在法律上是合法的，所以不少高中生把抽菸當作是一種「我長大了」的標誌。當時坐我旁邊的班長，是班上的風雲人物，她大搖大擺的帶頭抽菸時，幾乎全班都跟進了。畢業後很多年，我才知道很多同學跟我一樣，高中一畢業就戒菸了，原來大家當初都是怕被排擠才裝酷抽菸，根本就是自己嚇自己啊！
不過，奧地利已將合法購菸以及吸菸的年齡上修到十八歲，此法令將於二〇一八年中旬起實施。

需要時間適應的。去男朋友家過夜，妳們可能覺得沒有什麼，自己又不是做什麼壞事，但對家長來說，這是很大的一步，妳們也必須給他們時間消化。」老師笑了起來，眨眨眼，「而且爸爸特別放不下女兒啊！所以妳們對爸爸，要特別有耐心喔！」

我跟奧地利同學比起來，算是晚熟型的。我在高中時期，雖然也有不少豔遇，但每次都只是曇花一現，頂多就是跟男生牽牽小手、親親嘴，當時的我很沒自信，爲了掩飾自己的自卑，常常亂發脾氣，很容易嚇跑男生，所以每次的戀情都沒幾天就不了了之。

讀到這裡，應該也有人會想，奧地利父母以及師長，難道都不擔心這些青少年應付不來感情困擾嗎？難道都不擔心影響課業嗎？

我想，其實天下的父母心情都是很類似的。在奧地利的父母，面對自己心愛的寶貝情竇初開，心情是矛盾的、不安的、不捨的，當然也會擔心孩子在感情上受到傷害、擔心孩子過於熱中戀愛關係而荒廢學業。所以家長會非常注意孩子的交友狀況，只要知道孩子談戀愛，多半就會要求孩子早點把自己的對象帶回家，然後開始對人家展開身家調查。

跟孩子訂好規則，談戀愛，可以，但是課業，還是要顧好。

談戀愛，就是「轉大人」的過程之一，所以必須用愼重的態度去面對。

談戀愛，擦槍走火的事也層出不窮，奧地利人的第一次性經驗，平均年齡約爲十六歲。因此，奧地利非常注重性教育，希望孩子們從小就了解身體，也期許女孩子懂得保護自己、珍惜自己。

家長在家也會跟孩子嚴肅的討論性行爲，談戀愛可以，但也要懂得爲自己的行爲負責。班長的媽媽是護士，十五、六歲時去同學家，護士媽媽就會很正經的教我們各式性知識。在學校，性教育也是非常重要的一環，還不是只是上個幾堂課就好，而是每一年都會有與性行爲相關的課程，每次上課，班上同學都很認眞，生物老師總是搖頭說：「沒看過妳們念哪個範圍這麼認眞的啦！」

在避孕方式還有性病知識課程上所花的時間，超出了老師的預期，也看了不少叫人傷心的墮胎影片。老師甚至還教我們各式各樣計算安全期的方式，考試的時候，也會正經八百的要我們算呢！但是，她也很嚴肅的交代：「不要以爲會算就不會中獎。已經有性經驗的同學們一定要注意！妳們還是要做好避孕措施，因爲能保護妳們的，沒有別人，只有妳們自己！」

有一次，老師在下課前塡寫教室日誌的時候，又好氣又好笑的說：「拜託妳們一下，趕快結束性教育課程好嗎？我們可是校風森嚴的羅馬天主教女校欸！已經好幾堂課都在上避孕方式、墮胎方式、青少年性行爲，我每次寫教師手冊，都覺得實在有點對不起學校啊！」

我們學校哪有校風森嚴？有位學姐在高二左右不小心懷孕了，雖然校方很震驚，但是立即決定做她的後盾，學姐想要生下來，她的父母也確定讓她生。起先她還挺著肚子上學，但接近產期就先休學，

「產假」結束後再回來學校，硬是把剩下的課程全都扛下，也順利畢業。我記得很清楚，好多位女老師在學校都不停的勾織著毛衣、襪子、圍巾、帽子，就是要給小貝比的。我們在寫考卷，老師就在講桌前打毛衣，一團毛線落在桌上，一針一線，都是對學生的疼惜。

奧地利人的尊師重道

不僅平輩間的戀愛關係、性愛關係需要好好面對，在奧地利人的觀念裡，與長輩、師長的人際關係，也得好好練習。

奧地利人有自己一套尊師重道的學問。在學校，雖然上課前不需起立、立正、敬禮、說「老師好」，但是我們必須用「您」以及敬語來跟老師對話，不可以對老師說「你」，這是一條絕對不能跨越的界線，也必須敬稱老師爲「教授」，在走廊上遇到老師，不管是不是自己的老師，都要揚聲並口齒清晰的跟老師打招呼。

在許多亞洲國家，正面直盯著長輩，會被視爲失禮或是冒犯。我剛到奧地利，老師在跟我說話的時候，我刻意低眉斂目，就是爲了表現對老師的尊重，當時我不知道，在奧地利人觀念中，老師或是長輩在跟你說話的時候，垂下眼睛會被視爲不尊敬及沒誠意的舉動。眼睛不可以亂飄，一定要直視老師。

學校也鼓勵我們，如果認爲老師有不公正的處置，要懂得開口抗議，不要做無謂的服從。但是你也必須是有理的，要能眞正指出癥結，對老師無禮又情緒化的頂嘴，是會受到處罰的。

生活態度從小地方落實

我很喜歡一個奧地利人在教小朋友應對進退的動作：小朋友不僅要主動跟大人打招呼，在見面還有離開的時候，還要主動伸手跟長輩握手。

我曾在高中母校教了幾年的鋼琴，從小學部、國中部，到高中部的學生都有。當時我的鋼琴教室在學校四樓，我很喜歡親自下樓去接小學部課後照顧班的小小學生們，牽著他們上樓上課，對我來說也是順便散步個幾分鐘。

小朋友看到我來了，就會很開心的跳起來，桌上一堆東西塞進書包，就要跑出教室。

在前方講桌的照顧老師會說：「你忘記什麼了？」小朋友就會很不好意思的又跑回老師身邊，恭恭敬敬的伸出手，握住老師的手，說：「老師再見！」如果小朋友眼睛已經飄向教室門口了，老師還會要求重新再來一次，「握手的時候，一定看著對方眼睛喔！」老師們對於學生應對進退的重視，讓我大開眼界！

生活上的態度，眞的要從小地方堅持起啊，完全馬虎不得的！

爲了以身作則，我面對自己的奧地利學生，上課和下課的時候，一定會跟他們握手，我覺得這是一種尊重彼此的做法。我的學生多半爲女孩子，相處多年，感情也變得亦師亦友，這時候，我就會改成用奧地利式親臉頰（其實並不是眞的親，而是臉頰碰臉頰，嘴巴發出啾的親吻聲音，左臉頰右臉頰各一次）的方式打招呼，從握手變成親臉頰的轉換，只能由長輩對晚輩做，不然等於是冒犯長輩。我的學生都會很開心，因爲親臉頰是比較像姊妹淘的關係，會覺得自己長大了，老師把她們當作朋友看了。

我個人覺得，不同的國家對於什麼才是「尊重」的行爲，定義都不一樣，有的國家覺得直視他人是種冒犯，有的國家認爲這是尊重。不同的看法，都是基於不同的文化發展，沒有必要去比較誰的做法才是正確的，每個國家或是文化圈，都會有各自約定俗成的作法，如果大家都一樣，不就很無聊了嗎？

但是，對於人與人之間的相處之道、應對進退、情感溝通，我覺得這眞的是可以從小開始學習、練習的，也需要我們用非常認眞的態度來看待。不論是否有來世，這趟生命之旅，在這個地方、這個時間，我們就活這麼一次，不都應該好好的與在生命旅程中遇到的人們相處嗎？

6. 喜歡在家弄東弄西的奧地利人

奧地利人有自己的一套小確幸哲學。像是感受到經濟不景氣，沒有安全感的時候，他們就會更加想要營造一個舒適的居家環境。臺灣人的小確幸在於各式各樣的美食，奧地利人的小確幸就是在家弄東弄西。

奧地利人的生活觀念中，非常重視自主，也很享受自己動手做的過程，特別喜歡自己打理生活中的一切。德語裡面有個我覺得很暖和的名稱，就叫做Heimwerker，字面上的意思是「在家弄東弄西的人」。我覺得用這個稱呼來形容奧地利人，實在是再貼切不過了。

自己蓋房子就是奧地利人的「小確幸」

一線城市寸土寸金，但是在市郊或是鄉下買地，自己動手蓋房子十分普遍，家家戶戶的車庫通常就是工作室，裡面放滿了工具。如果有人搬新家，大家第一個問題通常是：「買現成還是自己蓋的？」

當然所謂自己蓋，並不是說從頭到尾都自己來，畢竟蓋房子需要許多專業知識，「自己蓋」的意思是，自己規畫，並找人來一步一步的蓋房子，自己做得來的，就自己來，需要專業的部分當然交給專業，而自己則在時間允許的範圍之內，跑工地、監督工程。

很多人在蓋房子的時候，如果是公司職員，就會把自己的有薪假（一年通常是五個星期）用在這上面，老闆多半會通融，讓你晚到早退去做工頭，努力把房子蓋好。我的公司合夥人也跟未婚夫買了一塊地，自己蓋了房子，他們兩個人還有爸媽輪流監工，從策畫到完工花了約莫一年的時間。

因爲大興土木蓋房子耗精神又耗時間，也不可能一直放下平日的工作去當工頭，許多人在蓋房子的時候，就會只蓋一樓或是一個部分，之後再慢慢擴建。我有一個朋友就是這樣，他們家在臥室還有廚房蓋好時（也就是能睡覺還有煮飯時），就搬進去了，週末一家人敲敲打打，基本上就是住在工地裡面，前前後後蓋了十五年。房子終於完全用好的時候，他悵然的說：「好不習慣喔！家裡的花園竟然沒有堆積一袋袋的水泥。」過沒多久，他就又抱一堆水泥回來，開始想著要在花園裡面蓋小橋流水了……

我很喜歡奧地利人的一點就是：苦中作樂，日子越是難過，就越要用力的享受生活。

奧地利人有自己的一套小確幸哲學。像是感受到經濟不景氣，沒有安全感的時候，他們就會更加想要營造一個舒適的居家環境。臺灣人的小確幸在於各式各樣的美食，奧地利人的小確幸就是在家弄東弄西：修理故障的東西、粉刷牆壁、掛窗簾架、鋪地板、蓋房子、蓋地下室、蓋狗屋、蓋籬笆、蓋新陽臺、熱中園藝、在自家門口花園擺木雕、陶瓷人偶、風車、風鈴等等。

臺灣的新聞節目，常常會去採訪美食餐廳。（我先生在臺灣陪我看新聞時，曾極不解的問我：「爲什麼妳要看這些節目？」）

而奧地利的新聞臺，就常常會採訪園藝店。（我跟先生看完，就會衝去買新的花飾或是嘗試最新的盆栽技術。）

什麼都要自己來，要飛機？自己造！

很多臺灣人到了奧地利或是其他國家，最常掛在嘴邊的一句話就是：「臺灣好方便，這裡什麼都要自己來，超不方便的！」先撇開我個人覺得臺灣的「好方便」絕大部分是架構在血汗勞工上不說，奧地利人是眞的習慣，也眞心喜歡「什麼都要自己來」。

爲什麼樣樣都自己來，其實還有一個很現實的原因：人工昂貴！其實奧地利人滿節儉的，因爲人工貴，所以除非眞的是很專業的部分，不然是不會請人來看的。

請鎖匠來開鎖，他請我把頭別開（因爲法律規定不能注視鎖匠工作）不用幾秒，我轉回頭，門刹時敞開，然後我心痛的付上將近臺幣八千元的費用，後來打聽之下，還有開一次鎖要價臺幣上萬元的！請水電工到家裡來，從他坐上車，車門關起來就開始跳表了，到你家的時候就直接四捨五入，還沒踏入你家可能就算一個小時的工時了。我一年都有幾次得請人來爲我的鋼琴調音，帳單上除了調音師傅的調音費用，還會清楚的列上車馬費：花了多少時間從公司來你家，又花了多少時間從你家回到公司。

一方面是爲了省錢，另一方面是喜歡自己來，久而久之，許多奧地利人練就了一身十八般武藝的工夫。

而我看過最誇張的「在家裡弄東弄西」，就是自己組裝飛機。而且重點是，飛得起來！我認識兩個奧地利叔叔，他們都不是工程師（一個是會計師，一個是老師），因爲喜歡飛機，就去買器材、零件、引擎、螺旋槳，跟著製作手冊，一步一步把自己的飛機做好。一位做了單螺旋槳飛機，另一位做了一種介於飛機與直升機之間的旋翼飛機，完全就是童謠裡面唱的：「造飛機，造飛機，來到青草地；飛上去，飛上去，飛到白雲裡！」

奧地利人的五金賣場文化

我不怎麼看電視，但是卻很喜歡看廣告，我一直覺得，要了解一個國家的人民最在乎的是什麼，從廣告走向中就能夠看到許多端倪。臺灣的電視廣告，最常見的就是藝人代言的健康食品或飲品廣告，不然就是溫柔媽媽與可愛寶寶呵呵笑的奶粉廣告。

在奧地利的電視上，你最常看到的則是猛男正在組裝花園小屋的五金賣場廣告，不然就是溫柔媽媽站在浴室中呵呵笑的清潔品廣告。而現實上，買五金還有打掃家裡，應該算是奧地利人最喜歡的兩件休閒活動吧！他們真的是超級愛逛五金賣場，也很喜歡花很多很多時間，把家裡打掃得一塵不染。而五金賣場不僅滿足喜歡自己動手的顧客群，也將喜歡打掃的奧地利人一網打盡：賣場裡面的清潔用品，真的只能用「目不暇給」來形容。

奧地利到處都是大得像迷宮一樣的五金賣場，除了五金用品以外，最主要就是提供建材與各式園藝用品，動不動就是三、四千坪賣場面積（差不多就是一百家7-11商店的大小），奧地利全國上下就有八百多家這種五金賣場，然而奧地利人口也不到九百萬人口，這個數字是很可觀的！有的五金賣場也會與農民進行產地合作，在賣場裡面賣小農產品。

我喜歡跟先生去逛五金賣場，他會心醉的看著那些我聽都沒聽過的工具，而我就會在農產品部門找小農場的牛奶、鄉下阿姨的手工香皂、傳統肉舖用自家菜圃種的各式香菜碾碎調製而成的烤肉調味料。

先生剛跟我交往的時候，第一次到我的住處，在我差不多十五坪的小套房中，看到了搖晃的電子琴腳架、有點接觸不良而一閃一閃的燈管、拉不攏的浴室門、關不緊的櫃子、「嘎吱嘎吱」響的門，他看著我，露出非常詭異的眼神，問我：「妳是不是不會修這些東西？」我點點頭。他皺眉，冷冷的問我：「妳到底是怎麼活到二十六歲的？」

他非常訝異，我竟然連個螺絲起子都沒有，所以馬上跑回家，抱了一整箱的工具來，裡面大概有二十幾支不同款式的螺絲起子，還有一堆我叫不出名字的工具，接著他就鑽到我的電子琴下，開始修理，然後，他把我的大門拆下來，你沒看錯，他把門拆下來了！開始上油，修理門閂，並吆呼著我協助他把門裝回去。我目瞪口呆的望著他，心想：這傢伙不是法律系畢業的嗎？

我一向認為自己非常獨立自主，我擅長烹飪，向來也都是自己打理生活，在他面前，突然覺得自己變成無生活能力的小孩。隔天，他馬上帶我去五金賣場，幫我選的第一個禮物就是一個超級完整的工具箱，除了十幾支螺絲起子、榔頭、鋸子、鉗子，還有一堆我完全叫不出名字來的器材。

他非常就事論事的告訴我：「不管我們以後怎麼樣，不管會不會繼續在一起，這個工具箱妳一定要收好，知道嗎！」

接下來的幾年，在他的教導下，我也漸漸學會了拿著電鑽完全不會發抖，在牆上鑽洞完全不會失誤；學會雙手穩穩的抓好電鋸，把厚重的木頭鋸開；甚至我心愛的鑰匙圈的金屬鍊斷了，我還會自己用電烙鐵焊！選正確的烙鐵頭，熱熔掉金屬環，然後再好好的把東西焊接起來，鑰匙圈就像全新的一樣了！

一把小小的水平尺，顯示不同的民情

我後來慢慢了解，不管我在奧地利住了多久，內心還是有一個很臺灣的特質：得過且過。

門會「嘎吱嘎吱」響有什麼關係？反正又不會影響生活，久了也就聽不到了；桌腳歪了，那就用紙張塞一塞就好了啊，我每天都很忙啦！沒時間去管這些啦！不然就乾脆丟掉算了。

但當我因爲心愛的鑰匙圈壞掉，自己用電焊棒把它修好時，心中超有成就感的，這才發現，自己動手做，根本沒有那麼難。

我在中學時期是念美術班，所以畫了不少圖，都一張張收好，放在床下。當時還是我男朋友的先生喜歡其中幾幅，就跟我說：「裱起來掛到牆上吧！」我們對裱畫也不是很懂，就跑去買了陽春的畫框，簡單的裱了三幅我自己最滿意的作品，兩幅我自己掛起來，一幅被他拿去掛在他的住處。

他問我需要幫忙嗎？我心想：拜託，不過是掛個畫而已，還需要你幫忙？更何況我還有一個天下無敵的工具箱呢！於是我拒絕了。

我揚揚得意的拿出榔頭還有釘子，好好的把畫掛到牆上，心滿意足極了。之後他來了，看到我掛起來的畫，直皺眉。

這下換我不開心了，我這麼獨立自主，把畫掛起來了，他這是什麼態度啊！

他看了我一眼，問我：「妳沒有用水平尺（Wasserwaage）量吧？」

我從來沒聽過這個名稱，Wasser是水，Waage是體重計、秤重器。我心裡思考著：這是什麼東西啊？他光看我的表情，就看出我的想法了並問：「妳不會連這個是什麼都不知道吧？」

被說中了，我漲紅了臉。

有時候我都覺得他前世應該是哆啦A夢，因爲他馬上跑回家，從他家變出了一支水平尺來給我，原來，水平尺是一個量度水平及鉛直的測量工具，如果想把畫、架子之類的東西釘掛到牆上，並且想要確認是否有掛正，這時候就可以用水平尺量。相信我，只要用過水平尺量過，掛起來眞的超級四平八穩的啦！

不過後來我常常會用「不用那麼仔細啦！」「沒差啦！」來敷衍他，我們搬到新家時，家裡凡是他掛的，不論是鏡子、畫、攝影作品，都是端正無比，穿插我這個沒耐心的臺灣女兒目測掛的東西，看起來似乎很準確，但仔細看就又有那麼一點歪歪的。我都會安慰他：不完美有不完美的美感！

我的公婆來過臺灣幾次，每次都被臺灣多元化的風俗民情迷住，玩到不想回奧地利，也愛死臺灣的人情風味了，我公公特別鍾情臺灣的手工藝，總是站在寺廟裡痴痴的看著木雕；婆婆熱愛臺灣美食，明明就是一副歐洲高雅婦人，卻很喜歡穿著臺式拖鞋去夜市，不會說中文，但總能夠比手畫腳的點菜，超臺客的坐在路邊攤大吃特吃。

我第一次聽到婆婆批評臺灣，是在一家臺北的高檔飯店。當時我們一邊聽著濫情的水晶音樂，一邊等電梯，這時，我發現婆婆目不轉睛的盯著牆壁，我順著她的目光看過去：在看起來非常高級的深紫色牆壁上，掛著一幅法國印象派的複製畫，打燈角度非常恰當，旁邊的地上還擺了幾盆開得傲然的蘭花，整個感覺就是很有氣質……

但是，畫是歪的。

婆婆低聲問我：「只有我覺得畫是歪的嗎？」

我小小聲的回答：「畫確實是歪的。」

「我發現，臺灣很多東西看起來很漂亮，但是仔細一看，不少東西沒有眞的做到位。」婆婆用著惋惜的語氣道：「這幅畫，我從昨天進來看到，就好想調整它，但是我身上沒有帶水平尺！」

7. 不論何時何地，關心時事不分老少

這位歌手平常素顏時，看起來就是個很普通的短髮男生，他也曾不厭其詳的表示：「創造這個人物，是為了一個更寬容的世界而唱。」他創造話題，也是為了觀眾思考：這世界上有很多跟我不一樣的人，我可以不喜歡別人跟我不一樣，我也可以表示我的不認同，但我不能剝奪每個人生存在這個世上的權利。

我有兩個鋼琴學生，從小到大都是同班同學，中學時期常會挑下午一點多下課的日子，一起來上鋼琴課，其中一位在上鋼琴的時候，另一位就在旁邊寫功課，上完都下午三點多了，兩人再去吃午餐。每次問她們要不要先吃飯再過來，兩人就會很堅決的說「不要」，用一種「今日事今日畢」的語氣說把要做的事情做完，再去吃午餐會比較安心。

後來我實在有點心疼她們餓肚子餓到三點多，也會準備一些小點心讓她們墊胃，這兩個女孩子的廚藝都很好，有時候我們三人也會一起做壽司。她們也會把作業給我看，我發現她們的功課常有非常耐人尋味的主題或是特別的社會議題，而回家功課就是要寫出自己的感想，或是得採訪家人對這件時事的看法。

有一次，這兩位學生帶了一個很有意思的德文回家功課來，主題是奧地利這幾年很火紅，又廣受爭議的落腮鬍歌姬 Conchita Wurst 的看法，他是一位出櫃的男扮女裝藝人，他的藝名也很有意思，

Conchita 在西班牙文裡面有「小貝殼」的意思，而 Wurst 是德文的「香腸」（就是在暗指男、女生的生殖器官），這位歌手非常致力於性別平權的議題，學生們在學校討論得非常熱烈，所以老師也給他們功課，要求他們訪問周遭的人對這位歌手的看法，然後再到學校一起討論。

從「落腮鬍歌姬」看歐洲社會動向

二〇一四年，小貝殼爲奧地利在歐洲一年一度的流行歌唱大賽 Eurovision Song Contest，以橫掃天下的姿態拿下了冠軍，轟動了全歐洲媒體。

這位歌手爲什麼廣受爭議？第一，他是個出櫃的同志歌手。你會說，有什麼了不起？數不清的歌手、藝人都是同志啊！第二，他男扮女裝。你會說，很多藝人不都這樣？第三，他滿臉的落腮鬍。這下好玩了，一頭動人的大波浪捲髮，風情萬種，在那張化妝成女子的優雅臉上，竟是滿滿的黑鬍子，乍看之下眞是有種說不出的突兀感。

在代表奧地利去參加歐洲歌唱大賽前，小貝殼姣好的外表與滿臉的大鬍子，把歐洲媒體鬧得沸騰（到底是男生還是女生啊？媒體愛死這種令人不知道要如何看待的人物了）。而且奧地利最後一次贏得冠軍已經是五十年前的事了，至今每年的名次都是倒數的，派出的選手不論外表或是歌唱，都像沖泡太多次的茶葉一樣無味。這樣一個落腮鬍歌姬，光是在國內就引起好大的爭議，話題性十足啊！

被媒體勾起了好奇心，我跟先生在賽前也看了一些相關報導。剛開始，我先生一直罵：「這麼漂亮的臉爲什麼留一把大鬍子？」

接下來我們目瞪口呆的看著小貝殼如何四兩撥千斤的回覆媒體，謙虛的應付各式辱罵及讚美，而且他可以收放自如的切換英文、德文面對各種問題，不卑不亢。我那保守又討厭標新立異的先生，竟然馬上成爲這位落腮鬍歌姬的粉絲！

小貝殼的談吐優雅到令人無法置信，不管記者怎麼刁鑽，他就是保持親切又幽默的態度回應。「家教也太好了吧！」我心想著，不禁也好奇，小貝殼的家人怎麼看待他呢？有一個節目側拍他去賽前的準備工作，還拍了這位藝人的外婆。看來純樸和藹的外婆從鄉下上來，幫自己的孫子打掃家裡，一邊碎碎唸，一邊跟在孫子背後整理著。記者追問外婆，怎麼看待這個打扮標新立異的孫子？外婆用非常理所當然的語氣回答：「我覺得無比驕傲。」（外婆，妳太酷了！）

在一個幕後花絮的報導中，小貝殼在後臺暖喉發聲，神情嚴謹專注，聲音精準美麗。這時，我的一顆心就完全折服了。身爲音樂人，我最敬佩的就是不論外界多麼紛紛擾擾，在必要的時候，可以完全進入狀況的音樂人。

在比賽時，不得不說，歐洲的流行樂手都滿有兩把刷子的，而且每個國家使出渾身解數，並出動大量肌肉猛男或大胸辣妹所組成的舞群，只有小貝殼沒有搭配任何的舞團，就是一個人站在偌大的舞臺上，幾乎沒有任何動作（甚至是僵硬的），但就是亮眼。小貝殼唱的歌，內容是形容一隻浴火重生的鳳凰，我幾乎是屏息的聽著他唱歌，感動極了。

評分系統公開讓全歐洲的觀眾 call in 還有傳簡訊，每個國家的觀眾打電話到該國的國家電視臺，把票投給自己喜歡的歌手。爲了怕愛國的觀眾只投給自己國家的選手，嚴格規定不能投票給自己所在地的選手！也就是說，我住在奧地利的話，打電話到奧地利國家電視臺時，如果投票給小貝殼，就是廢票。我只能投給其他國家的選手。不過觀眾還是會作弊啦，像我一個好友住在波蘭，我們兩個就「做盤」：我投給波蘭，她投給奧地利……

比賽現場與三十七個歐洲國家的主持人連線，等著主持人公布觀眾 call in 結果，每個主持人都會站在國家著名的地標前，順便也爲自己的國家旅遊業宣傳。奧地利的連線主持人，是一位平常形象很鄰家大姊姊的女藝人，她應景的在臉上用黑筆畫了鬍子，俏皮可愛極了。

奧地利的著名男電視評論員在報分時，抱著既期待又怕受到傷害的語氣說：「我們這次前十名應該沒問題吧！」驚人的是，積分直直往前，當奧地利積分達到第一名時，電視評論員呆呆的說：「有沒有人趕快來朝聖截圖啊？這個時刻應該撐不了多久，等一下就會被其他選手追過了。」（這眞的是標準的奧地利人，超愛唱衰自家人！哪有解說員這樣貶低自己國家的選手啦！）

在唱分時，其他國家的選手一得到高分就是尖叫的跳來跳去，只有小貝殼，含著淚水，謙遜的對著鏡頭，不斷無聲的道謝，後來他眞的得了冠軍。坐在電視機前你都可以感受到在比賽現場的觀眾簡直要瘋了。

小貝殼隔天返國時，馬上就受到總統召見，還拍了許多說多可愛就有多可愛的合照——一個長滿鬍子的漂亮女生跟爺爺型的奧地利總統，兩人笑咪咪的站在一起。

小貝殼以落腮鬍歌姬的形象，得到歐洲流行歌唱大賽冠軍，不僅震撼演藝媒體，也引起了政治社論的注目，儼然成爲某種程度的政治方向指標，加上那時正值歐盟選舉，許多政治名嘴也跟風在電視上搖頭晃腦的討論著這位歌手帶來的旋風。

這位歌手平常素顏時，看起來就是個很普通的短髮男生，他也曾不厭其詳的表示：「創造這個人物，是為了一個更寬容的世界而唱。」他創造話題，也是為了觀眾思考：這世界上有很多跟我不一樣的人，我可以不喜歡別人跟我不一樣，我也可以表示我的不認同，但我不能剝奪每個人生存在這個世上的權利。

我覺得小貝殼在歐洲為何會受到這麼熱烈的討論，有可能就是因為他在二〇一四年歐洲普遍低迷的氣氛中，以非常謙遜正面的態度，直接灌入了一股充滿光明的力量。學生也問我，以音樂人的角度看小貝殼，我的觀感是什麼？

我說：「流行樂是商業化的，但是不管如何，最終音樂人想要做的，就是感動人心。這點他做到了，我打從心底覺得他很了不起。」

我問這兩位學生，對這位歌手的感覺如何？一個很喜歡小貝殼，一個則不以爲然，各持己見，辯論了起來，甚至越扯越遠，還討論到婚姻平權去了。我只好趕緊打住話題，不然鋼琴課都不用上了……

不論年紀多小，都必須了解時事議題

對於在學校討論時事以及社會議題，我自己也曾深深體會過，尤其是我的高中導師，不僅很注重社會議題，還會把不同政黨的政見給大家看，請大家提出自己的意見。

讓我印象極爲深刻的時事是發生在一九九四年時，那年奧地利舉辦了公投，決定加入歐盟。當時我十五歲，其實在這個年紀，歐盟對我們來說實在是既抽象又遙遠，我們最關心的是「他校男生會不會約我出去？」「爲什麼那幾個同學出去逛街沒有揪我一起去？是不是我被討厭了？」雖然大部分的學生對於歐盟這種艱澀議題都是興趣缺缺，但老師們還是不氣餒的塞了很多關於歐盟的知識給我們，嘗試讓我們了解奧地利加入歐盟的利弊。

其中一位老師，語重心長的對我們說了一段話，給我的震撼極大，她說：「妳們一定要了解歐盟，因爲等妳們長大以後，就會是被歐盟相關政策影響最深的一群人。」過了二十多年，不得不說，老師說的超有道理的！身爲歐盟會員國的奧地利，歐盟的每個決策，眞的都會深深影響我們的日常生活。

不是八卦話題，那孩子熱中的話題都是……

在餐桌上，全家大小一起討論時事，討論到吵架，也是稀鬆平常。有次去朋友家裡吃飯時，他有個十幾歲的女兒，兩人因爲對一件社會新聞的看法分歧，當場吵了起來。這位說話超有邏輯的女兒提出一些追蹤報導的數據，直接嗆她老爸：「你都沒有好好看整個狀況，不過看了一兩家報紙的報導，就相信了！」老爸臉紅脖子粗，卻連一句反駁女兒的話都說不出來。

孩子們在學校，如果遇到的是比較有心的老師，那麼一定會仔細探討正反面以及利弊，也會訓練學生如何理性閱讀新聞報導，所以有時候孩子對時事的敏銳度，可能比只是快快瞄一眼新聞的爸媽還要強烈呢！

還有一次我去一所高中演講，結束後，看到學生三三兩兩坐在福利社外面，吃著零食還有冰淇淋，熱切的不知道在討論什麼值得興奮的事情，滿臉的年輕的氣息，陽光灑進來，在他們身上點出光芒。我看著看著，被他們散發出來的青春洋溢感動了，不禁好奇：是在討論什麼開心的事情啊？是校外旅行即將來臨？或是在聊什麼學校同學間的八卦嗎？

經過這群散發著青春活力的學生身邊，我放慢了腳步，結果聽到的內容，害我整個天眞爛漫的幻想當場統統破滅！因爲他們熱切討論的，竟然是政府的最新經濟政策……

落腮鬍歌姬「小貝殼」Conchita。特別感謝小貝殼的工作室The Unstoppables熱情提供的相片，左圖的攝影師為Markus Morianz，右圖的攝影師則為Rainer Dröse。

8.
從小參與國家政策，了解世界動向

十來歲的孩子，在課堂上，便已不著痕跡的被啓發了對國內和世界各地環境的想望，也奠下了關注國內時事、好奇世界發展的基礎。

學校課程非常注重學子的思辨能力，聽起來像是口號的東西，卻真的落實在課堂中。

你知道奧地利的投票年齡嗎？

二十歲？十九歲？十八歲？十七歲？

公布答案：十六歲。

下修投票年齡帶來的社會改變

奧地利的選舉投票權年齡本來爲十八歲，在二〇〇七年，國會順利的把投票年齡下修到十六歲，因此，奧地利也成爲歐盟中第一個其公民在滿十六歲後，就可以行使全面性投票權（除了總統、國會、邦議會、地方選舉、歐洲議會選舉以外，還有公投與連署）的會員國。

是否下修投票年齡，在奧地利也持續了多年的沸騰爭論。反對者不外乎是保持「未成年年輕人心智不夠成熟、容易受影響」的疑慮，最後國會以「十六歲公民已達刑事責任年齡，並擁有法律行爲能力」爲由，多數表決通過這項決議，這也符合奧地利的民情：鼓勵人民從小了解並參與國家政策。

在下修投票年齡的同時，被選舉權（可以參加選舉）的門檻也降低，候選人參選資格最低年齡跟著下修。只要在選舉投票當天滿十八歲，即可合法參加所有民選政府機關的競選（原本是十九歲），而總統選舉則是滿三十五歲。[4]

我身邊有好多個很有想法的孩子，我常常覺得，他們甚至比我們這些爲了生計、忙著賺錢的大人還要關心時事。當時投票年齡下修到十六歲的消息傳出，老實說，我並沒有太注意相關新聞報導，覺得不過就是水到渠成。直到有次選舉時，我一個就讀高中的學生來上鋼琴課，突然跟我討論各個參選的政黨，很認眞的問我有沒有研究哪位候

4 臺灣的參選資格最低年齡設定較為繁瑣：年滿二十三歲，得參選村里長、鄉鎮市區代表、直轄市議員、縣市議員、立法委員。年滿二十六歲，得參選鄉鎮市區長。年滿三十歲，得參選直轄市長、縣市長。年滿三十五歲，得為監察委員。年滿四十歲，得參選總統、副總統。

選人以及政見時。我猛然體會到，下修投票年齡後引起的社會改變，實實在在的發生在我的生活中了！

其實我有的時候就像一些被生活麻痺的大人，如果有選舉，也會因爲習慣而選自己熟悉的政黨或候選人，也不怎麼去關心詳情，不時也會抱怨：「選誰都一樣，沒差啦！」被學生熱切的問著，才發現自己面對選舉的態度確實太草率了，摸摸鼻子很不好意思，開始來研究一下候選人的政見。

可能我平常的形象眞的太散漫了，我有個學生滿十六歲後，第一次可以行使投票權時（那次是市議會以及區議會），還在投票前晚傳訊息給我，熱心的提醒我，隔天要記得去投票。

那次地方選舉結束，排斥外國人的右派政黨大勝，我另一位當時十七歲的學生傳了訊息給我，語氣十分緊張，非常擔心我的心情受到影響，我感動的同時，趕緊安撫她，說我沒事。

她告訴我，她與同學們都沒有投給排外的政黨，原來她們在選舉前都有好好研究，發現右派政黨拿出來的許多數據都是加工過的，試圖製造外國人就是惹事生非還有消耗國家福利的樣子。「他們對於外國人如何努力工作，還有繳稅養奧地利人，都絕口不提！」她忿忿不平的說。

政治不過就是生活的一部分

在奧地利政府官網上，用了很大的篇幅解釋爲什麼公民在十六歲就應該行使投票權，內容大致如下：

行使投票權利爲一個民主國家中政治參與的基本形式。十六歲的年輕人已具備刑事責任，並延伸法律行爲能力，已經在思考自己的人生規畫，也必須爲自己的教育和未來的職業生涯做出決定，部分的年輕人在這個年紀也已就職。因此，國會決定授予十六歲的年輕人參與政治決策過程的權利，爲自己的生活環境和未來做出決定。

對於將被選舉權的年齡全面下修到十八歲，政府是如此解釋的：

政治就是要給年輕人一個明確的信號：年輕人值得信賴，能夠做出政治決定。這點非常重要，正因爲政治決策對生活環境和社會大多會造成長期的影響。

我看到這些簡潔明瞭的解說，眞的好以我的第二個家鄉爲榮啊！也太贊同「年輕人值得信賴」這句話。爲什麼要鼓勵年輕人參與政治？就是因爲他們年紀還輕，還有很長的人生要走，會被政策影響最久的，就是他們。

從小在家以及學校都不會刻意避開政治議題，家長更不會說「乖乖念書就好，政治好髒你不要管。」反而會希望孩子早一點了解民主過程運作。簡單來說，政治不過就是生活中的一部分，沒有必要刻意避免，也不需過度渲染。

這裡當然也不乏政治冷感或超級政治狂熱分子，我也有朋友看電視時一發現政治新聞就轉臺，也看過不同理念的人互相謾罵，只差沒有跳起來扯對方頭髮。不過我覺得這樣極端的現象，至少在我周遭生活圈當中，還算少數。

選舉到的時候，也會發現，奧地利的選戰打起來既溫和又安靜。沒有漫天飛揚的旗幟，街上也看不到震耳欲聾的宣傳車，路邊的海報牆上頂多會看到大小不一的海報，絕少出現蓋住整個建築物牆面的巨型海報，在比較熱鬧的地段，偶爾瞧見競選團隊派兩三人發原子筆、鑰匙圈之類的小禮物（這幾年因爲流行永續觀念，競選人開始發給民眾在家裡就可以種的各式香菜種子，還滿受到民眾歡迎的），造勢晚會一般不過就是幾十人幾百人的規模，上千人就是超級不得了的大型活動了。

這麼安靜的選戰，我以前都會半信半疑的想著，會引起民眾注意嗎？會有人去投票嗎？會的。這裡的投票率都有滿漂亮的表現，比如說這二、三十年來，雖然整體上有微微下滑的趨勢，但各式投票率大部分依然落在百分之七〇到八十七之間，看看其他國家的投票率：美國在二〇一六年總統大選的投票率爲五十四．七％，臺灣在同年年初的總統大選投票率則是六十六．二七％。

關心政治，也是因爲奧地利人的傲骨

奧地利人會把政治當做生活的一部分在關心，也出自一個很現實的理由：不管政治，就等著被管吧！

可能因爲奧地利的觀光廣告裡面，老是大打阿爾卑斯山脈牌，還有戴著鈴鐺懶洋洋的乳牛牌，久而久之，奧地利給人感覺就是溫溫和和、風景優美的國家。

但是，只要仔細觀察，就會發現奧地利人其實非常傲骨。雖然跟北邊鄰國——德國都是說著同一種語言，但是整體上跟德國人的民族性確實有差別，奧地利人比較散漫（他們還會振振有詞的稱之爲「奧地利人的悠閒魂」）、喜歡鑽法律漏洞，也不像德國人有著嚴謹守法的形象。

而且奧地利人對什麼事情都很有意見，也非常討厭被管理。原來奧地利人的祖先中，就有剽悍能戰、極難征服的蓋爾特族，所以除非你遇到的是大德國主義者的奧地利人，不然千萬千萬別在奧地利人面前說他們是德國人或是日耳曼人，對方可是會馬上跟你翻臉的！

我先生陪我回臺灣，我跟別人介紹他是奧地利人，因爲其實很多人根本不知道奧地利在哪裡，我就會解釋是位於中歐的一個國家，官方語言是德文。對方常常劈頭就問德國環境怎麼樣？我先生臉色一沉，回答：「我不是德國人，也不住在德國，我怎麼會知道德國怎麼樣？」對方不好意思，想要圓場並說：「但你們都是日耳曼人嘛！」

這句話對我家這個奧地利人可是大忌，他會回嗆：「我是蓋爾特人的後代！」很多人一頭霧水，根本不知道什麼是蓋爾特人。我就會趕快出來解釋，蓋爾特族的後代分散在歐洲各地，其中最有名的就是蘇格蘭以及愛爾蘭人，因爲地理和歷史因素，所以奧地利人也有蓋爾特族的血統。

不要只讀書，也要好好管其他的事

燃起我對社會議題有興趣的老師，最主要是我在奧地利高中部的導師，教導的科目有兩科：歷史以及地理。

奧地利的地理課的正式名稱也頗引人深思，叫做「地理與經濟學」。爲什麼要在地理課上經濟學？出發點是，經濟與地理彼此影響，人類在不同環境裡面都會進行經濟活動，不同的地理環境條件也會影響人類的經濟行爲。老師教我們，地圖本身就是一項蘊含地緣政治的物品，同時老師也讓我們思考，光是爲了石油，就有多少國家大打出手？爲了奪取天然資源，世界上發生過多少戰爭，版圖被重新劃了多少次？

學校也發給每一位同學一本（不是一張喔！）精裝版的世界地圖，整本都是彩印，編輯得十分精美，總共一百多頁。我高中畢業後，搬家了好幾次，在一次又一次的搬運中，中學的課本沒有任何一本保存下來，但是這本地圖集，我卻一直珍藏著。過了二十多年，每張地圖的色彩依舊，魅力也依舊，仍然吸引著我。

這本地圖打開，首先有二十幾頁各式各樣的奧地利地圖（山脈、道路、鐵路、氣候、人口分密度、工業、農業等，甚至還有狩獵區分布圖呢！）再來就是洋洋灑灑四十幾頁的歐洲地圖，然後非洲、亞洲、美洲、大洋洲也都各有二十多頁的地圖。比如說美國地圖裡面，不僅有社會階級分布圖示的地圖，還有石油油田位置的地圖呢！

十來歲的孩子，在課堂上，便已不著痕跡的被啓發了對國內和世界各地環境的想望，也奠下了關注國內時事、好奇世界發展的基礎。學校課程非常注重學子的思辨能力，聽起來像是口號的東西，卻眞的落實在課堂中。

也就是這樣子的背景，大人不會對孩子說「好好念書就對了，其他的事情不要管」，年輕人反而是很早就開始「好好管其他的事情」。在這樣的環境培養下，政府能夠信賴年輕人，放心的讓公民從十六歲開始行使投票權，也就不會讓人感到太驚訝了。

光是嘶聲力竭呼籲「年輕人是國家未來的棟樑」是不夠的，唯有大人放手讓年輕人參政，才能讓他們一起爲國家效力。當然，前提必須是公民有從小培養參與社會議題的態度，也是因爲這樣的環境，在奧地利全國上下，從鄉村小小的地方政府到決定國家政策的國會中，都可以看到許多年輕有活力的面孔，爲生活環境和社會努力著。

PART 2
奧地利，
我的第二個故鄉

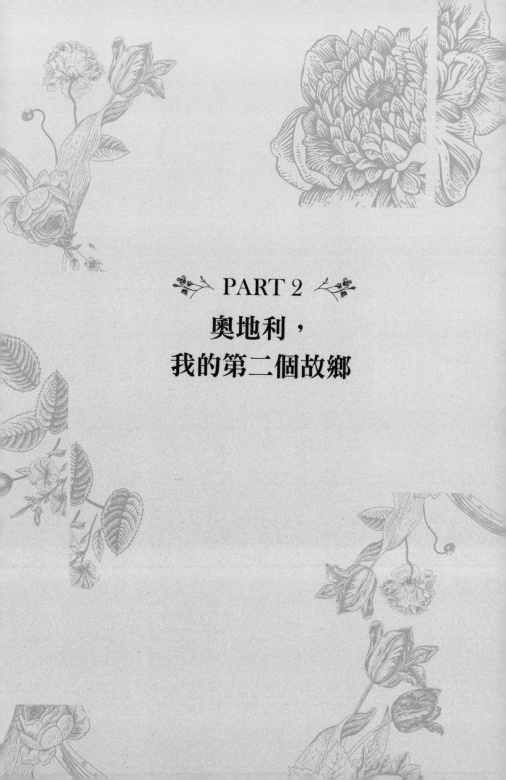

1. 嚴格控管的商店營業時間

半夜去藥局把值班的藥劑師喚醒買藥，跟夜間搭計程車一樣，得付夜間加程。雖然奧地利人也很羨慕其他國家有著寬鬆的營業時間，也覺得自己國家的商店營業時間並不是那麼方便，但是奧地利人還是願意接受這樣子的生活。

我在一九九二年到奧地利時，被晚上和週末時靜悄悄的街道嚇到了。平日商店六點就關門，星期六也只開到中午，整個週末一直到星期一早上，所有的商店都是大門深鎖。

待了一陣子才知道，原來奧地利的商店（包含服務業，如髮廊、按摩養生館、美容院）營業時間，是由政府嚴格控管的。星期一到星期五，商家只能在早上七點到晚上六點半之間營業，星期六是七點到下午兩點（許多老闆一到中午就迫不及待關門），每個月的第一個星期六則可以開到晚上六點，而星期天和國定假日是完全不允許營業的（可是花店和麵包店卻可以營業）。

營業時間法令管轄商家到什麼地步？就連十二月二十四號（平安夜）的商家營業時間，都是清清楚楚的寫在法令裡：這天從中午開始便是國定假日，商店可從早上六點營業到下午兩點；當天花店可開到晚上六點，而聖誕樹銷售[1]可到晚上八點。這一板一眼到了極點的法令裡面，有極少例外，比如說機場、車站或是加油站的商店，六日和例假日可營業。

最嚴格的營業時間法規是藥局：全國上下的藥局從星期六的中午十二點起就必須關門休息，星期天和國定假日也不准營業。不過每個地區的藥劑店，在休息的時間也得輪流保持「待機狀態」，也就是說，如有人來按門鈴，值班的藥劑師就要爬起來抓藥。奧地利的藥店大門上，都會有個小窗戶，當值班的藥劑師被喚醒時，會打開小窗戶，再把藥品遞出給顧客。

強迫大家在星期天休息，背後的部分原因其實和宗教習俗息息相關，奧地利深受羅馬天主教文化薰陶，星期天就是停下工作、休息、上教堂做禮拜的日子（就是名副其實的「禮拜日」）。而更重要的一個原因，則是爲了維護勞工的權益，讓勞動人口有合法休息一整天的權利，也符合奧地利人「休息皇帝大」的觀念。

我也曾經問過奧地利朋友，禮拜天還有假日都沒有商店可以逛，你們不會覺得很麻煩又很無聊嗎？奧地利朋友不解的望著我說：「所以才要平常就把東西買好啊，平日商店也有開啊！」有一個朋友竟然更直接回我：「爲什麼無聊？你不覺得週末或假日只會去逛街，沒有其他的休閒方式很悲哀嗎？」

我印象很深的一個經歷發生在高中同學凱蒂家裡。凱蒂的媽媽對孩子的管教非常嚴厲，也很有自己的一套原則。她非常堅決反對週末購物，她說：「週末就是我們家人一起休息或是出去遊玩的時間，而且銷售員也應該要休息，我們憑什麼要求他們在週日爲我們工作？只是因爲我不在平日找出時間出去買東西？」購物在他們家是大家分配的工作，比如凱蒂就是負責放學回家時，買牛奶還有麵包等民生基本品。在某個週日，我到凱蒂家做客，在喝咖啡時，發現牛奶用完了。媽媽有點不高興了，凱蒂解釋：「我前幾天放學回家的路上，忘記買

1 聖誕節前的幾個禮拜開始，在公園或是傳統市場，就會有聖誕樹農夫們把各種大小的聖誕樹（多半是歐洲雲杉或是冷杉）一株株擺好兜售，等著客人來挑回家。

了。那我現在去附近的加油站買（這裡的加油站多半會附設雜貨店和咖啡廳）。」

我也覺得沒什麼，正要開口說「我陪妳去」時，凱蒂的媽媽竟然很嚴肅的對她說：「不准去。這是妳的工作，既然妳忘記了，那現在就沒有牛奶可喝。」她們母女大吵了一架，我那時覺得媽媽會不會太誇張了啊？有必要爲了一瓶牛奶這樣嗎？我跳入戰場，告訴凱蒂的媽媽：「臺灣一天二十四小時，我隨時想要喝牛奶，出門轉個彎就一堆超商，在什麼時間想買什麼，都沒有問題；忘記買，根本就不是什麼大不了的事情。」媽媽聽了我的說法，想了一想，說：「當然，隨時都可以買牛奶，絕對是一件很方便的事情，但是人會因此容易變得懶惰安逸。」

「平日逛街，假日逛櫥窗」的奧地利人購物習慣

奧地利的營業時間因爲偏短，倒也產生了一個社會現象，那就是郵購產業的蓬勃發展。我二十多年前剛到奧地利時，不管到哪位同學家，都會在茶几上、廁所裡看到一本又一本上千頁的郵購型錄，顯然是許多奧地利家庭的休閒活動之一。我以前也都是直接拿郵購型錄學德文，因爲基本上這些郵購型錄什麼都賣，又有精美的圖片，實在非常適合用來背單字！而現在網路購路普及化，也漸漸取代了郵購型錄了，但是原理其實相近：郵購和網購，都不受到營業時間的限制！

奧地利是觀光業蓬勃的國家，每年都有好幾千萬的遊客湧入，外國遊客都訝異於商店在週末大門緊閉，不少人也會嘲諷，在週末的奧地利，你不能逛街，只能「逛櫥窗」。

越來越多奧地利人到世界各國旅行，看到其他的國家的商店營業模式，不像奧地利這麼死板，其實也非常羨慕，近年來，奧地利民眾生活模式和購物習慣，也不斷的在改變。許多人認爲以「維護勞工權益」爲由，不讓商店在晚上和週日開門，是個完全站不住腳的立場，因爲依照這個邏輯來看，醫生、護士、消防員、警察、新聞播報員、報社印刷廠、加油站、機場地勤、公車司機、遊樂園員工、開演奏會的音樂家等，不就也不該在晚上和禮拜天工作了嗎？所以，越來越多的奧地利人，呼籲政府在維護勞工權益的同時，放寬營業時間。

奧地利政府爲配合民意，在二〇〇三年正式對營業時間通過修法，於二〇〇八年正式上路。目前的法定商家營業時間，與其他國家相比，還是嚴格，但是跟以前的奧地利比起來，寬鬆多了：週一到週五爲早上六點到晚上九點，週六則是早上六點到晚上六點，麵包店可在早上五點半開店。一週營業時間則不得超過七十二小時，而週日依舊不准營業。各州州長可以視個案情況，更動營業時間法令。

但是營業時間延長了，許多商家竟然興趣缺缺，平日雖然可開到晚上九點，但是，絕大多數的商店還是六、七點一到，就開開心心的拉下鐵門；週六雖然可以開到晚上六點，但是許多店家還是一到中午就關門去過週末。

許多媒體做過調查，就連大型連鎖商店的發言人也表示，他們並不認爲在星期日營業，能夠大幅增加銷售額和利潤。而非觀光區的商家，不僅不打算延長營業時間，甚至還想縮短！他們的出發點是：「店面開更久，對我們來說，不過是將客源打散到不同的時段罷了。我本來是六點關門，如果改到九點，那麼本來五點半會來的客人，可能會拖到八點半才來，因爲反正我們開著啊！」

我曾在維也納的一區（也是觀光人次最密集的區域）住了幾年，我好奇的問一些店面：「那麼多觀光客，週日不開店，難道不會覺得白白失去許多商機嗎？」我得到的回答清一色都是：「難免會覺得可惜啊，但是開比較久不見得會賺比較多喔！因爲願意週末工作的員工有限，我不是得付高額的假日薪水，就是得自己顧店，其實眞的不見得划算，更何況我也想留一些時間給自己還有家人啊！」

在奧地利住久了，漸漸會覺得這樣的觀點也不無道理。在這裡，你可以理直氣壯的說：「我要休息。」也不會有人批評你不耐操。如果你從事服務業，也不需要低聲下氣的配合客人；半夜去藥局把值班的藥劑師喚醒買藥，跟夜間搭計程車一樣，得付夜間加程。雖然奧地利人也很羨慕其他國家有寬鬆的營業時間，也覺得自己國家的商店營業時間並不是那麼方便，但奧地利人還是願意接受這樣子的生活。

因爲，在奧地利人的觀念裡面，讓他人犧牲休息的時間爲你服務，並不是一件理所當然的事情，需要大家的了解與尊重。

這裡並不是沒有慣老闆和奧客，但是勞工很懂得保護前人辛苦爭取來的權益，社會大眾也願意犧牲一些方便，所以慣老闆和奧客也很難得逞。這就是我眼中的奧地利，一個社會支撐度非常有力，也打從心底尊重勞動人口權益的國家。

2. 認真工作也認真休息的奧地利人

後來我漸漸了解，門診醫生背負著平日照顧人民健康的責任，然而醫師看診時間有限，為了要維持一定的醫療品質，就必須讓他們有充足的時間休息，也要讓他們有時間能夠去進修，提升自己的醫學相關知識。

歐洲人似乎常常被賦予悠閒高雅的形象，其實，歐洲也有許多高壓、高時的工作，也有許多人工作到焦頭爛額，加班加不完。

我曾在奧地利一些跨國公司擔任中文講師，裡面的學員多半做空中飛人般的經理人，一週工時超過七、八十小時也不足爲奇。我踏進文化媒體界後，也發現這個產業的工時又長又不穩定，在拍片時期平均每天睡三小時，或是連續工作超過二十四小時的經驗，不時發生。但是只要工作一結束，奧地利人就會毫不猶豫的把工作扔到腦後，大玩特玩。奧地利人認眞工作，也用相同認眞態度玩！

休息皇帝大、無聲勝有聲的民族性

商店營業時間是由政府嚴格控管，確保勞工能夠休息，在其他行業中的相關法規，也能看到奧地利人有多麼在乎休息。

奧地利的醫生基本上不在晚上看門診，更不要說週六日和假日了，所以要看病就只能跑醫院了。我以前總是氣呼呼的想著：這些醫生都不尊重病人的需求嗎？這時候就會好懷念臺灣的醫生，平日晚上和星期六都有門診，掛號也很快。

後來我漸漸了解，門診醫生平日背負著照顧人民健康的責任，然而醫師看診時間有限，爲了要維持一定的醫療品質，就必須讓他們有充足的時間休息，也要讓他們有時間能夠去進修，提升自己的醫學相關知識。比如說，我的家醫[2]看診時間就只有週一還有週四的下午三點到六點，週一、週三、週五就是早上八點半到十一點半。那整天上班的人怎麼去看醫生？很簡單，就是請假。

你生病了，公司當然希望你早點好起來，才能繼續爲公司付出，

2 我的家醫是西醫，也是本城一名著名的針灸師，技術非常好。這些年來奧地利許多西醫都結合中醫觀念。我的家醫很喜歡臺灣，她的女婿就是臺灣人呢！她也跟我提過，臺灣的中醫實在太讓她佩服得五體投地，所以每次一有臺灣中醫來辦講座，她一定馬上衝去上課。

所以公司也會尊重配合，員工生病，公司也不希望員工抱病來上班，因爲生病會影響工作效率，所以寧可你好好待在家裡休息。

不僅如此，在奧地利也有明文規定，晚上十點到早上六點是「夜間休息」（nachtruhe）時段，只要晚上十點的鐘聲一響，灰姑娘的魔法就結束了：在公寓裡面不可以發出吵到隔壁鄰居的聲音、所有的露天餐廳也不可以讓客人繼續坐在外面，就是怕客人聊天的聲音可能會吵到附近的居民。有的公寓大樓更嚴格，夜間休息時段從晚上八點開始，我的朋友可妮就住在這樣子的一棟大樓，她曾經有次大約晚上八點下班，回到家後，開開心心的啓動洗衣機，結果洗衣機在脫水時的震動聲音吵到了隔壁鄰居，對方竟然直接打電話叫警察過來。

可妮正在晒衣服時聽到門鈴響，打開門，傻眼的看到氣喘吁吁趕來的警察伯伯……

我跟先生住在一棟五樓公寓的頂樓，當時搬進這裡，就是看上這棟百年老式建築的厚實牆壁，我練鋼琴時都不怎麼會吵到鄰居。這棟樓住了不少大學生，幾乎每個禮拜週末就會有人開趴，我們公寓中也有不成文規定：只要有人要開趴，就會事先告知大家，寫張小卡片，附上糖果或巧克力，報備哪一天要開趴。「會吵一整夜喔，請大家多多包涵，也歡迎過來一起喝杯酒。」就這樣，大家也相安無事，從來沒有發生過鄰居因爲覺得噪音干擾，而叫警察過來的案例。

我覺得，奧地利人喜歡安靜的程度，已經到一種近乎瘋狂的程度，不要說臺灣人了，連同樣是來自歐洲的南歐人（西班牙、義大利、希臘、巴爾幹半島等），都受不了。

我有個來自熱情吵鬧的南歐國家——波斯尼亞的朋友，他第一次參加完很有氣質、很優雅的奧地利婚禮後，受到很大的文化震撼，他跟我說：「就連我以前讀的小學在開家長會時，都比奧地利人的婚禮還要熱鬧！」

奧地利愛休息、愛安靜，甚至爲此也願意犧牲貨運的速度。大卡車在路上會發出轟隆隆的聲音和排廢氣，影響居民生活品質，是奧地利人眼中的大忌。爲了減少噪音和對自然環境的影響，也爲了維持居民在休息時間的品質，奧地利對於貨車交通有非常嚴格的要求：平日晚上十點到清晨五點、國定假日、星期六下午三點到星期天晚上十點，大卡車都不能上路。所以在奧地利，晚上或例假日都會看到無數來自歐洲各國的卡車，在停車場或是高速公路休息站排排站，而貨車司機週末就睡在車裡的床上，不能運送貨物。

奧地利介於中歐心臟地帶，許多跨國運輸貨物的路線，都必須經過奧地利，而這樣嚴格的規定，不僅自己的人民得遵守，外國運輸公司也得乖乖遵守。現在的法規有稍微寬鬆，卡車必須裝有最新的低噪音系統，才可以在某些時段上路。

我也曾經納悶，晚上六、七點就關門，週日也沒開，那一般朝九晚五的奧地利人，到底在什麼時候購物啊？

我後來才慢慢發現，原來很多奧地利人都是在下午購物的。爲什麼？他們都不用上班嗎？奧地利人當然也要上班，不過很多奧地利人非常早起。假設一天工作八小時的話，不少人會在早上七、八點就進辦公室，甚至還有更早的。我與公家機關往返電郵時，也不時收到公務人員早上六點多的回信！許多人中午只休息半小時，這樣下午三、四點左右就可以下班逛街去了。

奧地利人不論是學生或是上班族，大部分都不願意花太多時間在午休上面，因爲他們把公私分得很開，上學和上班對他們來說都是工作，也寧可縮短午休的時間，能早點下課、下班才是正道。因爲對他們而言，離開學校和工作場合後的時間，才是眞正的私人時間，也才能眞正休息。

老實說，我在奧地利中學的時候，一直很不能接受奧地利這樣的觀念。對於沒有大家一起的午餐和午休時間，覺得非常不習慣，也格外懷念跟臺灣同學在午餐時天南地北的聊天，吃飽後大家一起坐在座位上睡覺的時光，而我的奧地利同學和朋友們，都無法想像這樣大家一起睡午覺的景象，每個人都口徑一致的對我說：「絕對不肯浪費時間在學校睡覺，早點離開學校，才能眞正的休息。」

例假日其實也有極少數的商店、餐廳和咖啡店開門，因爲也有人只能或是想要在週末上班。爲什麼不可以？當然可以，只要老闆願意付高額的週日和假日附加費。而一些拿到政府的許可證，週末假日會開門營業的商家，清一色都是連鎖的大型超市或藥妝店，生意都是好到強強滾，差點以爲大家是在採購年貨哩！這意味著在週末有購物需求的人還是存在的，而且不少！

但，很微妙的是，就算週日開店有商機，你還是不會看到同行的競爭對手都跟進，因爲許多商家老闆寧可讓自己、員工休息，也不想開店等客人上門。

聽起來，奧地利人好像挺懶惰的，或許會有人納悶，這個國家的人民好似不想拚經濟，這個國家會有競爭力嗎？我們看看「世界經濟論壇」在二〇一七年最新出爐的〈全球競爭力報告〉，這篇報告周密的分析了全世界近一百四十個經濟體，而奧地利和臺灣的成績都頗優秀，皆在前二十名。奧地利是第十八名，臺灣略勝，是第十五名。由此可見，奧地利人看似這麼「懶惰」的工作態度，但卻沒有將他們的國際競爭力打入谷底。

為什麼奧地利社會這麼想要保護勞動人口？因為，在奧地利人心目中，你不應該為別人賣命，你也不應該要求別人為你賣命，除非你聘用的是傭兵。

1
2

1 每到週末，就會看到全歐洲各國來的大卡車，在休息站排排站。而司機的床位就在駕駛座正上方。

2 在公園買聖誕樹，農夫正在打包聖誕樹，只見他小心翼翼的把樹塞入套好網子的鐵管，從另一頭拉出來時，整棵聖誕樹就好好的被包在網子裡面了。

3. 奧地利人的家庭觀和家庭生活

在奧地利人的觀念中，休息是一件非常重要的大事，老闆也會有事沒事提醒你趕快把假用掉，這並不是奧地利老闆多麼人性、多麼愛才，而是老闆知道，身心都有休息到、家庭生活快樂的員工，生產力跟工作效率自然會提高，也才會穩定。

如果要我簡單總結奧地利人的家庭觀，那麼我第一個想法就是：奧地利人非常注重家庭生活，下很多工夫培養感情，爲了累積家人間共同的回憶，也會花很多心思在全家出遊的旅行上。

奧地利人如果攜家帶眷出門玩，一次就是一到兩個星期，一年中全家多次這樣出遊是很常見的。奧地利家庭出門度假的玩法，最普遍的有三種方式：

第一種是開車或是搭飛機到某個海灘。奧地利是內陸國家，對海洋有著無比的眷戀以及渴望，一到夏天，大多數的奧地利家庭就是大包小包，把小孩「打包」在汽車後座，直接殺到南邊的斯洛威尼亞、義大利或是克羅埃西亞的海灘，全家在那裡泡上好幾個禮拜的海水，天天看著同樣的沙灘也不厭倦。許多歐洲海灘聖地的旅館，怕小客人們無聊，還會特別聘請工作人員，設計各式各樣的節目給小朋友們。

第二種是比較隨性、冒險式，但同時也是比較省錢的方式——全家開著露營車，享受奧地利的好山好水，去爬山或是在湖中游泳。不然就是乾脆直接開出國，一路在各個國家的露營區搭帳篷，或者是睡在露營車裡。

我大學時期的奧地利室友，曾經跟我去臺灣玩，那時候還沒有智慧型手機，汽車裡面也沒有導航系統，完全不會中文的她，竟然可以拿著臺灣地圖，毫無錯誤的繞全臺，完全沒有開錯路！而且這樣一個柔弱的女孩，竟然也會搭帳篷和野外生火，我都看傻了。原來這是她童年時期留下來的技能，從她有記憶開始，每年的暑假，她爸爸就會帶著全家開遍全歐洲，在每一個歐洲國家露營，光是一個暑假就能開個上萬公里。她跟兩個弟弟，輪流坐在副駕駛座，拿著歐洲地圖做爸爸的導航員。

第三種就是所謂的「城市旅遊」，選擇某個歐洲國家的一個城市，訂機票和旅館，到了當地進行定點旅遊，這幾年來，也漸漸流行搭配租車，成為陸空旅遊假期。通常就是旅行社事先設計好路線，並在路線上不同的點訂好旅館，你飛到該國某個機場，領了車，然後照著路線，全家自己開車沿路旅遊，旅程的終點就是機場，把車還回去後，就可以上飛機直接飛回家了。

通常有孩子的家庭，多半會選擇這三種方式旅遊，尤其是前兩種。而跟團到他國去旅遊的遊玩方式，雖然也是頗熱門，不過大半是銀髮族才會選擇，家裡有學童的奧地利家庭跟團出國旅遊的例子，並不常見。

家長放下工作，孩子放下課業，全家放下平日所有其他的身分，就是專心做「家人」，出門玩幾個禮拜，一天二十四小時大眼瞪小眼，其實也不容易，這其實是一種訓練和家人好好相處的方式吧！把小孩交給電腦、電視、手機照顧，對父母來說，是一件很方便的事情，但帶著孩子計畫旅行，是要耗盡很大的心力的。可是相對的，得到的家庭回憶，是無價的，更是無可取代的。

全家一起出遊，是休假的首選

你可能會想，全家一年可以出遊數次？哪來那麼多時間、那麼多錢遊玩？難道都不用工作賺錢嗎？是這樣的，奧地利明文規定，有薪假爲五個工作星期，你的行業是工作一週六天的話，你一年就有三十天的假期，而工作一週五天的行業則是二十五日。已滿二十六年工作年資的人士，每年還可以追加一週的有薪假。

此外，奧地利一年有十三天國定假日（如果剛好落在例假日，並不補假）。這些有薪假相關法令，適用於全國上下所有的公司行號和公家機關。假期並沒有規定一定要在一年之間用完，每一個有薪假都有三年的效期。

朋友蒂亞是個工作狂，從不放假。後來上司提醒她：「妳再不休假，妳第一年的假就要過期了！」所以蒂亞就乾脆休三個多月的假去環遊世界，一口氣把三年的有薪假用完！

許多公司行號也有實施所謂的「時間賠償」制度，簡單來說，就是加班不拿加班費，而是換取休假。打個比方，奧地利正常工作時間爲每週五日，一週三十八．五小時，只要事先跟上司做好協議，便可在某週工作四天，前三天每天各十小時，第四天工作八．五小時，那麼第五天就可以行使「時間賠償」，換取一天的休假。對許多奧地利人來說，不拿加班費，拿休假，也是不錯的選擇。尤其是有孩子的家庭，也熱中在用「時間賠償」制度來換假期，拿來用在與孩子出門旅遊。

在奧地利人的觀念中，休息是一件非常重要的大事，老闆也會有事沒事提醒你趕快把假用掉，這並不是奧地利老闆多麼人性、多麼愛才，而是老闆知道，身心都有休息到、家庭生活快樂的員工，生產力跟工作效率自然會提高，才會穩定。所以在很多公司，有家室而且家裡有學童的員工，都有優先權挑選排假的時段。

全家出門旅遊好幾個禮拜，也絕不是富裕家庭才有的特權。剛才提過，有薪假制度是全國上下所有的公司行號和公家機關都要遵守的法規。所以，就算是收入較低的勞工，同樣也受到這個法令的嚴密保護。家境較普通的家庭，或許無法到國外的昂貴度假勝地遊玩，不過歐洲有許多國家的物價還比奧地利國內便宜，帶著孩子到國外的露營區或是在海灘上耗個幾個禮拜，不花什麼錢，依舊可以享受全家一起出遊的樂趣，也是許多家庭的第一選擇。

就算不再相愛，我們都還是家人

我在中學時有許多要好的同學，加上在大學時期就開始擔任鋼琴家教，所以有很多機會可以看到不同奧地利家庭互動，從貴族後代到勞工階級的家庭都有。我深深體會到，奧地利人非常在乎家庭生活，也有很強烈的家庭觀。讓我很詫異的是，就算是婚姻破裂的家庭，也依舊有向心力。奧地利這些年的離婚率，大約在百分之四十到四十三左右。我的學生群中，占絕大多數的就是單親家庭和「拼組家庭」，意思就是離婚或分居後，帶著小孩與新的伴侶共組新家庭。

我的學生瑪莉從小就跟我學鋼琴，我跟她的家庭也建立了某種程度的情誼。瑪莉在念國中的時候，父母婚姻破裂，給她的打擊非常大，在學校的功課一落千丈，鋼琴也退步很多。當時媽媽跟我長談，其中的一段話，給我很大的撼動。她說：「我跟孩子的爸爸，不可能再回頭了。但是我們養育了三個孩子，我們會努力讓孩子了解，就算爸爸和媽媽不再相愛了，但我們依舊是一家人。」後來，我也看到他們夫妻倆，努力的實現這個諾言。瑪莉的爸爸在家裡爲瑪莉的媽媽留了一間客房，讓她在「回家」的時候，還是有自己的空間。離婚後，夫妻倆都各自有新的生活了，但是每年，全家都還是會一起出遊，而瑪莉當時也感受到了爸媽的心意，總算又振作起來。

周遭的朋友群中，也有許多位面對了離婚與再婚。而我發現，奧地利夫妻感情破裂時，就算雙方破口大罵，只差沒有把對方的眼睛挖出來，但是絕大多數還是會想辦法，盡量不把夫妻之間的恩怨帶到孩子身上。

當各自有了新的對象時，如果孩子跟父母的新對象處不來，也會進行溝通。許多我遇過的奧地利家庭，在歷經離異的過程裡，都會努力不拿孩子做武器，也盡量不讓孩子在父母之間爲難，這是需要很大的智慧、理智和體諒的，眞的很不簡單啊！

視如己出的「新家庭」觀念

奧地利人在組織新家庭時，絕大多數的繼母或是繼父都會盡全力跟另一半的孩子建立關係，甚至視如己出。出發點很單純：我跟你的媽媽（爸爸）組成一個家庭，那麼我們就是一家人，不論我們有沒有血緣關係。

我的學生媞娜，就來自一個大人們都很盡心盡力的拼裝家庭。我去她家上課時，通常都是她爸爸在家裡做家務，照顧她和她正在念幼稚園的弟弟。她媽媽是城裡有名的醫生，工作量非常大，常常早出晚歸。我當時單純的認爲，她們家是女主外男主內。後來發現，家裡有時候會看到另一個男人走動，而弟弟會叫他爸爸。我完全混亂了，搞不懂這是什麼家庭架構。

當時八、九歲的娖娜，很有耐心的對我說明：娖娜的爸爸是媽媽的初戀情人，她是爸爸媽媽愛的結晶，但是後來爸爸媽媽發現彼此個性不和，也無法繼續相處下去，所以決定離婚，但是因爲媽媽的工作量很大，爸爸就來幫媽媽照顧娖娜。後來媽媽有了新男友，媽媽帶著她，跟叔叔搬到新家，然後媽媽跟叔叔又生了弟弟。因爲叔叔很忙又常出差，而且叔叔跟爸爸的感情又不錯，爸爸就說那他來照顧弟弟，所以只要媽媽還有叔叔不在的時候，就是爸爸來做娖娜跟弟弟的保母兼管家。

聽完娖娜詳細的解釋，我恍然大悟，也深深佩服這個家庭。後來過了幾年，媽媽和叔叔結婚了，那天，媞娜和弟弟是花童，而媞娜的爸爸，因爲是他們家最親密的朋友，還當新人的伴郎呢！

在奧地利，單親媽媽帶著小孩，不會有人說她帶著拖油瓶，大家都知道單親媽媽的辛苦，多半會以體諒的態度對之。一位奧地利長輩馬丁有個在餐廳做大廚的兒子，在餐廳工作時，認識了一個帶著四歲女兒工作的單親媽媽，兩人正式交往後，兒子把女朋友和她的女兒介紹給爸媽認識，馬丁跟他太太沒多久就把這小女孩當做孫女疼愛，也很疼惜這個單親媽媽。

後來廚師兒子和單親媽媽結婚了，搬回來跟馬丁同住，將老家擴建，過著三代同堂的生活。過了幾年，家裡誕生了一個小寶貝，而馬丁的手機待機畫面，還依舊是這個沒有血緣關係的大孫女的相片，因爲大家的注意力都放在新生兒身上，他覺得，不能讓大孫女覺得被冷落，更不能讓她覺得自己是外人。「她是我媳婦的孩子，所以，也是我們家的孩子。」

我學生時期的好友克利斯，一直抱著不婚主義，也信誓旦旦的說絕對不要小孩。偏偏克利斯長得很帥又有女人緣，這些年來不知道有多少女孩想要把他綁入教堂，都沒有成功過。

前些年，他突然很興奮的跟我說，他終於遇到眞命天女了！她是一個離過婚，帶著兩個小孩的單親媽媽，一個在念國中，另一個在念小學。而他自己也沒料到，跟小孩們一見如故，去年克利斯跟眞命天女結婚了。「買一送二，不用換尿布還有半夜起來餵奶，就得到了兩個長大的小孩，非常划算！」他笑呵呵的說。

4. 西方人都不跟父母同住？也都沒有婆媳問題？

漸漸的，我不必再表演「好脾氣的媳婦」，可以老老實實的在她面前做自己，結果我們的相處竟然變得非常舒服，也從婆媳關係成為了真正的朋友，最後，成為了真正的家人。

就算三代同堂，還是有屬於自己的空間

我的親戚好友對於歐洲人的家庭架構大多感到好奇，我也常常被問：「他們是不是一成年就會搬出去？是不是都不跟長輩同住？」老實說，這些問題實在不太容易回答，但我可以說說我身邊的一些故事，從中看出家庭相處的狀況。

在奧地利，孩子成年或是學業完成後（如高中、職校、工專畢業），的確會從家裡搬出去住，就算仍然住在同一個城市裡，對奧地利父母來說，也是很理所當然的事。然而，也有奧地利人成年後持續和長輩住在一起，尤其是在地廣人稀的鄉下，三代甚至四代同堂都是極為常見的。另外也有孩子在成年後搬出去，成家立業後又再搬回來跟父母住的，各種狀況都不算少見。

許多奧地利人最大的夢想就是自己蓋房子，不少來自鄉間的奧地利人若成年後沒有搬離家鄉（或是學成後返鄉的），就算建立了自己

的家庭，還是會選擇跟爸媽住在一起，然後慢慢把房子加蓋擴建。家中兄弟姊妹眾多的，至少也會有其中一個孩子留在家鄉與爸媽同住，不然就是在附近再蓋一棟房子。

奧地利人是很講究隱私的民族，如果選擇跟爸媽同住，不僅會有各自的空間、各自的廚房衛浴，甚至還會加蓋不同的入口跟大門。為什麼呢？

因為就算再親密的家人，還是需要保有自己的家庭和生活步調，天天住在一起難免會起摩擦，有各自的出入口就能保持適當距離。我覺得這種作法其實滿有智慧的，大家親密的住在一起，卻又能擁有完全屬於自己的空間。

在鄉下，選擇與家人住在一起或住在附近，多半出於一個非常實際的理由，因為鄉下不像城裡方便，尤其是農莊或是牧場，都是全年無休的，也常常必須要全家一起工作，家人住得近可以建立起緊密的家族人脈網路，不僅方便一同工作，也能彼此照應。

奧地利的農牧業非常發達，尤其酒莊文化更是獨具一格。在亞洲，奧地利葡萄酒的名氣或許沒有法國酒或義大利酒那麼大，但其實歷史非常悠久，且絕大多數都是代代相傳的家族事業，低調卻務實。

好友馬特就是這樣一個低調又務實的酒農，他住在奧地利與斯洛維尼亞的交界，綿綿的山脈，每當起霧，簡直就像武俠小說中的仙境，而他就要騰雲駕霧而去一般。馬特的祖先從十八世紀開始種植葡萄釀酒，他是第七代，家裡一山又一山的葡萄園，七代以來都沒有間斷過，所以馬特二十幾歲就接下了酒莊的生意，胼手胝足的要把家裡的傳統繼承下去。

奧地利的酒莊都是以家族姓氏爲名，一位女性朋友來自一個酒莊家族，身爲獨生女，她就很清楚自己的結婚對象一定要愛酒、耐操、肯下田、陪她接管家裡的酒莊、跟她的父母同住，也願意讓孩子跟她姓。許多奧地利酒莊都設有奧地利式的酒莊客棧，清一色都是全家出動：奶奶在廚房捏麵團、爺爺跟爸爸在葡萄園中照顧葡萄藤、媽媽在吧檯算帳，兒子和女兒負責經營網站還有招呼客人，連家裡的狗都在客人桌間穿梭撒嬌。在這樣的家庭，好幾代成員住在一起，一同工作，是很常見的。

歐洲人也有婆媳問題

在歐洲，不論婚後是否選擇跟父母同住，姻親之間產生摩擦、婆媳相處不來，其實並不罕見。

我在求學時期的第一個鋼琴教授跟許多音樂家一樣，風流倜儻，結了不少次婚，最後一任老婆叫吉塔，是他在音樂院教過的學生。吉塔大學還沒畢業就嫁給了相差二十多歲的教授，婚後決定過著洗手做羹湯的日子。當時她的公公已經過世了，所以便很順理成章的把婆婆接來同住。

我認識吉塔的時候，她跟教授結婚快二十年了，有次她對我述說起他們的新婚生活，在我聽來，簡直就是八點檔鄉土劇的翻版：教授在家的時間極少，不是在音樂院教琴，就是到處巡迴演出。兩個女人從一開始就處不好，煮好的飯菜被強勢的婆婆倒掉，洗好後掛著晒的衣服被丟到地上，小媳婦不敢跟先生說，只能躲起來哭。但當鋼琴家巡演結束風塵僕僕回來時，母親卻哭訴著：「你太太存心把我餓死。」另一頭是不斷流著淚水，什麼都不肯說的老婆。鋼琴家被夾在兩個女人之間無所適從，後來小倆口決定搬離婆婆到城裡住。「一直到我婆婆過世，我跟她都沒有眞正的和解。」吉塔落寞的說。

我大學時期的死黨荷西來自西班牙，他的父母有一段轟轟烈烈的愛情故事：四十多年前，一位英俊瀟灑的西班牙工程師馬克被外派到南非工作，在那裡認識了一位美麗的護士小姐安妮，他們相戀了，也決定結婚。

安妮是上流白人家庭的掌上明珠，對她的家庭來說，跟著這個西班牙工程師根本就是「下嫁」。然而安妮不顧家人的阻止，在半句西班牙語（還有當地的加泰隆尼亞語）都不會說的情況下，就毅然決然跟著先生來到西班牙，完完全全就是爲愛走天涯啊！

馬克的家鄉是一個非常偏僻的村子，人口不到兩千，一直到現在人口還是維持這樣的總數，挨家挨戶人人都認識，可以說是向心力很強的小地方。

馬克與安妮生了兩個孩子，其中一個就是荷西。他從小就有音樂天賦，當他遠赴奧地利留學時，也算是村里的驕傲呢！我與荷西去西班牙演出時，跟荷西的媽媽安妮一見如故，可能因爲我們都有「外來人」的背景吧！她年輕時到了這個西班牙小村落時，「我沒想到這裡既保守又落後，當時還以爲自己來到了第三世界。」她苦笑著回憶。

她到了西班牙才知道，先生是村上望族的長子長孫，在家族中被當做寶一樣看待，對安妮的婆婆來說，寶貝兒子好大的膽子，竟然沒有經過她的同意，就從非洲帶了一個「外配」回來，讓她非常不滿。當安妮展開與婆婆的共同生活後，「我才知道什麼叫做地獄。」安妮幽幽的說。

這位南非來的大家閨秀開始了苦媳婦的生活，而且因爲語言不通，又是村裡唯一的外國人，村民也對她另眼相待，態度也很疏遠。

先生因爲工作的關係，一出門就是幾個月。在這期間，婆婆總是監視著她的生活起居，以致她晚上不敢起來上廁所，因爲婆婆會罵她「大小姐浪費水」。所有的櫃子抽屜都得整理得一絲不苟，因爲婆婆不時會突擊檢查，沒有達到標準就免不了一頓罵。垃圾丟到垃圾桶時要特別注意，因爲婆婆會跟在她後面檢查垃圾桶。「幸好我的肚皮還算爭氣，在這樣傳統的家庭生了兩個兒子，這大概是她唯一滿意的事。雖然她不喜歡我，但眞的很疼孫子。」語言不通，沒有朋友也沒有娘家可以回去。安妮現在談起這些往事，眼眶還是濕濕的。「這是我自己選擇的，再怎麼樣我也不能逃回娘家。」她幽幽道來。

　　我去了西班牙幾次，都會到他們家拜訪，荷西的奶奶總是整天嚴肅的坐在家門口，一雙眼睛銳利的觀察著家裡進出的人員。她曾把我誤會成荷西的女友，基於愛屋及烏的心理，對我總是非常和藹可親，但是跟自己的媳婦安妮說話時，態度就是非常明顯的高傲。

　　我在他們的家庭聚餐上，看著安妮用加泰隆尼亞話和奶奶有一搭沒一搭的說話著，隱隱約約可以感覺到，兩個人保持一種很矛盾、愛恨交織的情感，顯然這數十年的大戰已把這兩個女人的心力都給耗盡了。一會兒，安妮轉過頭來看著我，突然轉換一口純正的南非腔英文（顯然不想被自己的婆婆聽懂），非常認真的對我說：「妳不覺得她都不會老嗎？就算她活上一千年，就算我比她早死，我也不會覺得訝異。」

　　不僅僅是西班牙媽媽，很多奧地利媽媽也是掌控欲很強的。我的奧地利鋼琴學生艾咪離過婚，她前夫的家庭背景很有來頭，是舒伯特

（對對對，就是音樂課本裡面提到的「歌曲之王」，古典樂史上重量級的作曲家之一）家族的後代子孫。她的前婆婆（離婚後要怎麼稱呼啊？）就是個掌控欲很強烈的奧地利媽媽，常嫌艾咪不會帶孩子，沒把孩子教好。兩個女人水火不容，而艾咪的前夫也一直覺得自己的母親有理，以致夫妻間的感情因此起了很多摩擦，最後形同陌路，無法挽回。

她毅然決然帶著三個兒子離開（在奧地利，夫妻離婚，孩子通常是歸母親），一個人把他們拉拔長大。有一次，我爲她挑了一首舒伯特的華爾滋舞曲，她怎麼都彈不好，很幽默的自嘲：「我和這個家族果然不合！」

我與婆婆的摸索之路

我跟我的婆婆也曾走過一段彼此摸索的路。她是個極強勢的女性，也會想要控制我跟先生的日常生活，比如我穿什麼顏色、材質的絲襪她會干涉，如果我的穿著打扮、配件和鞋子她不滿意，還會要我當場脫下換掉。我在家裡的擺設，她覺得不滿意時也會直接撤掉，換上她覺得適合的。

剛開始我都用「這是我深愛的男人的媽媽，她是爲我們好，我要好好尊敬她，不可以忤逆她。」這句話來安慰自己，不管她說什麼，不管她再怎麼干涉我，我都說「好」，完全任她擺布，就算心裡非常不服氣，我還是會保持微笑。

後來發現，我這樣實在是虛僞得不得了，我的尊敬只是裝出來的，完全不是發自眞心，不過是在表演「沒意見好媳婦」的形象。我忍下來的悶氣當然必須有發洩的管道，通常就是發洩在我先生身上。

我眞的要這樣一輩子表演乖媳婦嗎？我不想！於是我開始思考，我無法改變婆婆，但是我可以改變自己，我可以選擇不要假惺惺啊！

我開始明確的說「不！」也不再什麼都好、好、好。婆婆剛開始非常不適應，總是擺出受傷的表情。讓我有很重的罪惡感，但我仍舊把持住原則，告訴自己我不能退縮。後來，婆婆漸漸了解我的底線在哪裡，她就不會碰觸，因爲一碰就是自討沒趣。

漸漸的，我不必再表演「好脾氣的媳婦」，可以老老實實的在她面前做自己，結果我們的相處竟然變得非常舒服，也從婆媳關係成爲了眞正的朋友，最後，成爲了眞正的家人。

現在我們婆媳倆常會單獨出門喝咖啡逛街，然後互相抱怨自己的丈夫。婆婆也很逗趣，每次我跟她埋怨她兒子的時候，她就會馬上把責任撇得一乾二淨：「他的個性都是遺傳到他爸啦！」這也算是我家另類的婆媳相處吧！

5.一世人看遍顛沛流離的奧地利外婆

她一字一句清晰的回答：「我的孫子能夠被一個外國家庭接受，成為外國家庭的一分子，我覺得這是非常榮耀的一件事。」

她的回答如此篤定，每一個字都像大鐘般擊在我的胸膛，令我全身震動著，完全說不出話來，我的攝影師們轉過頭來望著我，我們在彼此的眼中都看到了淚光。

在奧地利的生活中，有一個堅韌的女人給了我很多力量。她，就是我先生的外婆。

外婆的父親是個來自匈牙利的裁縫師傅，他的家鄉當時是奧地利的領土（奧匈帝國），很多匈牙利人嚮往奧地利，也隻身來到這裡闖天下。這位裁縫師傅年紀輕輕就到奧地利打拚，也在這裡娶了一位美嬌娘，從此在奧地利落地生根。不料沒幾年後，奧地利輸掉了第一次世界大戰，王朝體系徹底崩裂，奧地利身爲戰敗國，也失去了絕大多數的國土，包含原本受到奧地利統治的匈牙利。一夕之間，裁縫師傅從一個奧匈帝國的本國子民，突然變成了在奧地利生活的外國人，外婆就是在這樣的大時代變遷下出生的一個孩子。爲了讓自己的孩子成爲土生土長的奧地利人，裁縫師傅並沒有教自己的孩子匈牙利語，只說德文。

奧地利從一個強悍的大國，變成了一個動盪不安的小共和國，但是外婆的父母十分努力打拚，也讓她在一個安樂的家庭中成長。然而，在她應該享受青春年華時，第二次世界大戰爆發了，她的夫婿，也就是我先生的外公，被招募上戰場，沒人知道他是否能夠從俄國戰場上活著回來，留在家鄉的她，望穿秋水的期盼著戰爭早日結束。當時的奧地利是盟軍攻擊的對象，每次聽到防空警報，居民們紛紛往防空洞擠，反骨的她自己一個人跑到山頂，看著盟軍的炸彈從天空落下，她告訴自己：人各有命，如果命運要我繼續活下去，那麼我就會好好活下去；如果不是，那這也是我的命。

而命運要她活下去。過了幾年，二戰落幕了，遠征到西伯利亞的夫婿遭到俘虜，在交換戰俘的過程中，也歸來了。小夫妻總算團聚，也與其他的市井小民，加入重建家園的行列。

因爲有這些經歷，外婆是一名極爲獨立堅強的女性，在外公過世後還是堅持自己一個人住，一直到九十六歲去世前，都是自己打理生活。她也非常注重自己的外表，出門總是打扮得一絲不苟，穿著充滿品味。另外，她還參加游泳社（她是年紀最大的成員呢）、自己搭捷運出門逛街，甚至當我有音樂發表會時，她也不要我們去接她，都是自己坐公車來捧場。懶得出門的時候，她也喜歡宅在家裡看電視上的旅遊節目和時事紀錄片、讀各式各樣的雜誌，甚至是科技和政治雜誌，「我也想要跟得上時代啊！」她總是這麼說。

而她不想跟兒女住的原因更是簡單明瞭：「我才不想被自己的小孩管哩！」

我是外婆的寶貝孫媳婦！

十多年前第一次與她見面時，我是手足無措的，不知道如何面對這位美麗莊嚴又打扮嚴謹的長輩，她一眼就看出我的慌張，便把我攬在懷裡，從此認定我是他們家的人。

我很喜歡外婆喚我，她不會發「佳」的音，她用法文方式唸我的名字「佳恬」，聽起來就像「夏天」。遠親聚會上，外婆總喜歡拉著我，逢人就獻寶的說：「這是我們家的寶貝孫媳婦！」我就只需要微笑握手、微笑握手、微笑握手……只差沒穿上競選人背心說「請惠賜一票」了！

我的奧地利外婆不僅讀遍有關臺灣的書籍，每次在電視上看到有關臺灣的新聞，也會興奮的跟我報告，偏偏臺灣上國際新聞，不是颱風、地震就是立法委員打架，總是讓她擔心極了。跟許多老人家一樣，她偏愛甜食，也愛死了臺灣食物：鳳梨酥、綠豆椪、月餅、紅豆餅，都能讓她吃得津津有味，她也跟著我吃刈包、蘿蔔糕、肉粽、水餃等，總是露出心滿意足的表情。

只要是在本城，外婆從來沒有缺席過我的音樂會，一次都沒有。她還會自己帶抱枕，早早報到，把位置弄得舒舒服服的，然後乖乖坐好等音樂會開始。有次我在臺上彈著電影《海角七號》主題曲〈一九四五〉，彈到淚水直流，她在臺下跟著我啜泣，抓著隔壁觀眾的手臂說：「那個彈鋼琴的女孩子是我們家的孫媳婦。」音樂會結束，她緊緊抓著我的手，撫摸我滿是淚痕的臉頰說：「我們家的小寶貝在想家了，來，阿嬤給妳『秀秀』。」

這首曲子對我來說，就是南臺灣的海浪。就算踏遍全世界的海岸，還是覺得沒有任何一處海岸的浪聲比墾丁悅耳，那是家鄉的呼喚，也是兒時的記憶。外婆就是這樣懂我，總是輕易的感受到我的情感起伏。

我跟先生本來沒有結婚的打算，雙方家長或多或少都會暗示，在一起這麼多年了，也該結婚了吧！外婆知道這些暗流，把我拉到身邊，用著姊妹淘的語氣，神秘兮兮的說：「女人不見得要結婚，那只不過是一張紙，重要的是你們自己好好過生活，大人怎麼想無所謂啦！」後來我跟先生覺得還是「結一結算了」，就回臺灣辦了婚禮，外婆身體無法承受長期旅途，沒辦法跟著我們一起參與。行前，她把傳家戒指慎重的交到我手上，緊握住我的手，用鄉土劇般的語氣說：「阿嬤不知道還有幾年好活，這個戒指就交給妳了。」

我在臺灣的家族枝大葉多，親友聽到我要嫁給外國人，多少也會緊張和擔心，常會問：「妳先生的家人會不會排斥外國人啊？」實際上，我的婆家認爲我來自不同的文化背景，是爲他們家族添加不同的色彩，一點也不排斥。外婆也曾對我說過一句好有智慧的話：「沒有人可以挑選自己的出生地，所以不可以歧視任何跟你來自不同地方的人。」

因爲外婆無法跟我們回臺灣參加婚禮，於是我便想拍個短片來介紹我的婆家，多媒體公司的夥伴們也很乾脆的說要爲我製作影片。

整個團隊扛著器材，浩浩蕩蕩的去公婆家，外婆當天也穿上她最好的衣裳，端正的坐在沙發上等我進行採訪。我擺出我最專業、最客觀的態度進行採訪，希望能以第三人的角度呈現最忠實的面貌。當我問道：「對於自己的孫子迎娶一位外國媳婦，妳有什麼看法？」她一字一句清晰的回答：「我的孫子能夠被一個外國家庭接受，成爲外國家庭的一分子，我覺得這是非常榮耀的一件事。」

她的回答如此篤定，每一個字都像大鐘般擊在我的胸膛，令我全身震動著，完全說不出話來，我的攝影師們轉過頭來望著我，我們在彼此的眼中都看到了淚光。

外婆教我：死亡，就是好好的下臺一鞠躬

奧地利人並不忌諱討論死亡，這也與當地的宗教觀念息息相關。奧地利是羅馬天主教國家，其教義核心架構在「耶穌基督爲人類贖罪而死」，宗教標誌是被釘在十字架，心臟流著血的耶穌雕像。因此，奧地利人從小就會面對許多關於死亡的討論，也對死亡相關的話題沒有忌諱，而奧地利外婆可以說是我見過最豁達的奧地利人了，在她生前最後幾年，總是笑笑的對我們說：「我這輩子實在活得很夠了！記得喔，病危不急救，讓我可以好好下臺一鞠躬。不要辦任何宗教儀式，也不要辦告別式，就把骨灰罈放到祖墳裡，然後你們去餐廳

幫我吃我喜歡吃的菜餚就可以了！」

外婆過世後，我們依照她的希望，愼重莊嚴的把骨灰罈放入祖墳後便離去，前後不到十五分鐘。隨後便去了餐廳，點了外婆喜歡吃的餐點，歡笑的回憶著外婆生前的點滴。

那天，我一滴眼淚也沒有掉，感受到的只有無盡的感激，謝謝她到最後一刻帶給我們的都是安詳與喜樂。

整理外婆的遺物時，婆婆問我有沒有想要留下什麼做紀念。我毫不猶豫的從外婆書櫃中挑選了一本書，小說《大地》的德文初版精裝本。

這本一九三四年出版的書被外婆收藏了一輩子，是我很尊敬的作家賽珍珠的作品，她是一名十九世紀初在中國出生、成長的美國女作家。賽珍珠的一生充滿傳奇，她用英文寫作，以一雙溫柔的西方眼睛，觀察著中國的生活點滴，用一種毫不做作的語氣，不做任何先入爲主的批判，平穩的敘述著這個對當代西方人來說十分神秘的東方國度。這種不以預設立場批判自己不了解事物的態度，活脫脫就是我的奧地利外婆。

雖然外婆珍藏一世人的《大地》成爲我的書了，但是我一直提不起勇氣讀它。直到了外婆過世後快半年，我才鼓起勇氣翻開它，一邊撫摸著泛黃的紙張，一邊聽著《海角七號》的主題曲。我依然清晰的記得，外婆聽完這首曲子後，摸著我的臉頰說「阿嬤給妳『秀秀』」的溫柔聲音。這時，眼淚毫無預警的湧了上來，我痛痛快快的哭了一場。

我不禁揣想，在她年輕時，閱讀這本書的時候，如果有人告訴她，在下一個世紀，這本書將會傳給一個來自東方的孫媳婦手上，她肯定很難相信吧！想到這裡，我不禁微笑了起來。

我最親愛的奧地利外婆。謝謝妳，妳的「秀秀」，我永遠都不會忘記。

1 2
3 4

1 九十五歲的外婆正在閱讀一篇關於我的音樂團體演出的報導。

2 最後一次與外婆逛街。

3 永遠優雅溫柔，我的奧地利外婆。

4 小說《大地》的德文初版精裝本。

6. 因爲先生，在奧地利了解了轉型正義

這些受害者分布在全世界各地，一輩子思念奧地利，卻走不回來。有的是因為在國外建立了新的生活，更多的是不願意回到這個當初把自己趕走，甚至想要屠殺自己的祖國。

剛認識我先生時，他是個在奧地利的二戰納粹受害者補償基金會工作的熱血法律青年。基金會的全名落落長：Nationalfonds der Republik Österreich für Opfer des Nationalsozialismus，意爲「奧地利共和國國家民族社會主義受害者之國家基金會」，「國家民族社會主義」就是中文裡面我們耳熟能詳的「納粹主義」的全名。「納粹」是德文縮寫 Nazi 的中文音譯，而 Nazi 就是取 Nationalsozialismus 裡面的兩個音節組成的。

我們剛開始交往的時候，他在基金會的工作正進行得如火如荼。約會時，他會帶著我，在維也納市區中挨著大街小巷，尋找他工作時在檔案上出現的地址。我們會站在一棟看起來再平凡不過的公寓前，聽著身後呼嘯而過的車聲，嘗試想像四分之三世紀前的維也納，當初門牌上面印了怎麼樣的名字？想像著被架走的居民們在離開時滴下的眼淚。他會緩慢的開口敘述，被迫離家時那天眞不懂事的孩子，現在已經成爲白髮蒼蒼的老人，今天他的孩子從以色列撥了電話來奧地利，子女哽咽提及，被迫離家數十年的爸爸問：「家鄉的景色是否依舊？」

「有時候跟這些老人通電話，都覺得很感慨。」他這麼告訴我。「他們都是奧地利人啊，但是被趕出自己的家鄉，只因爲他們的猶太血統。妳知道嗎？就算他們已經離開奧地利六十多年了，他們說起德文都還是正統的奧地利鄉音啊！就好像隔壁的阿公阿嬤這樣。就連他們的小孩，明明不是住在奧地利，也是一口純正奧地利德文！」

轉型正義，其實就是給受害者一個道歉

許多舉世聞名的奧地利菁英分子皆有猶太血統，而奧地利在二戰時期，對國內的所有猶太菁英趕盡殺絕，也造成人才斷層。奧地利的納粹政府不僅迫害猶太人，剝奪他們一切財產，也針對國內的異議分子、少數民族、非異性戀者、殘障人士、精神患者等。

雖然奧地利在戰後曾經試圖要補償受害者，但當時的政治家後來也承認，其實只是因爲盟軍要求，奧地利政府就「做做樣子，根本沒人想做，也不想確實進行。」許多受害者都被迫逃亡到國外，根本不知道有這些補償的措施，而且當時的奧地利政府很狡猾，故意將申請期限訂得很緊迫，當時不像現代通訊發達，有時候資訊傳到在國外的被害人耳裡時，申請補償的期限早就過了！

奧地利做做樣子後，就以「我們要往前看」的理由，對過去的骯髒視而不見，假裝沒事的過日子。直到國際壓力越來越大，以及國內的知識分子開始挖掘史實並發表在媒體上，才不得已正式面對。

一九九一年，奧地利與美國簽署了〈華盛頓協議〉，奧地利政府承諾對納粹受害者進行奧地利政府該做的補償。一共從奧地利國庫撥款兩千一百萬元美金，在全世界二十九個國家，以十八種不同的語言在一百三十八種平面媒體上刊登廣告，呼籲在納粹時期，受到奧地利政府和企業迫害的受害者申請補助，申請期限長爲八年，最後一共處理了來自全世界，超過兩萬件的申請。

這張協議書，也可以視爲一種庭外和解，正因爲當時有國際性的大型集體訴訟，準備要控告奧地利政府和奧地利企業在戰爭時對特定族群的剝削和迫害，出於政治考量（開庭的律師費還有判決下來的賠償金，絕對付不完），還有維護奧地利在國際上美好的文化藝術之國形象，奧地利政府終於接受美國政府的建議，簽了這張協議書。

不論奧地利的出發點究竟是什麼，協議就是眞的乖乖簽了。奧地利政府在一九九五年成立了國家基金會，直接隸屬於奧地利國會，而國會也對戰後的「歸還法條」大幅修法，開始大力補助各式文化歷史計畫，還原被隱埋住的史實，以實際的金錢補償來面對在奧地利受到迫害的受害者及其後代，曾經財產被充公的人們，可以正式申請補償。許多被納粹強奪走的藝術品（奧地利政府還正大光明掛在國內的博物館裡面），也終於能夠透過法律程序正式歸還原主。

我先生在學生時期就是專攻奧地利在二戰時期前後的法律史，尤其是納粹如何對奧地利教會進行系統性的掠奪，以及戰後納粹下臺後，法律層面的歸還和補償。他一直覺得，法律就是應該能夠幫助和保護人民的，所以當他進入到補償基金會工作時，是充滿幹勁的。

他也告訴我，這些受害者分布在全世界各地，一輩子思念奧地利，卻走不回來。有的是因爲在國外建立了新的生活，更多的是不願意回到這個當初把自己趕走，甚至想要屠殺自己的祖國。在與無數的受害者溝通，聽了無數叫人心碎的故事後，他也了解到，其實他們要的，就是國家還給他們一個公道，一個眞正的道歉。

當時的我，只感覺到他在做的事情是極具意義及歷史責任的。直到很多年後，某次看到中文裡面有「轉型正義」這個名詞，才恍然大悟，原來當時這個基金會低調做著的，就是在落實所謂的轉型正義。

歷史，真的不該被忘記——來自蜜月旅行的體悟

出門旅行時，我先生有意無意的挑選了與轉型正義議題相關的地點。我印象最深刻的是我們蜜月旅行的其中一個點，那是一個叫做Peenemünde的小村。

它坐落在德國最東北，緊鄰著波蘭邊境的烏瑟多姆島。這個島有長達四十多公里的白色沙灘，美得令人心醉。但是，這個島嶼最頂端的一角，卻有個黑暗的過去：德國納粹政府曾在這裡秘密建造了一個火箭基地，並研發大型破壞力武器。

我跟新婚的先生騎著腳踏車環島，也來到了這個充滿神秘氛圍、空氣沉重的地方。

這個基地占地平方二十五公里（比小琉球和綠島加起來都還要大），也是人類史上第一個進行巡航導彈和大規模火箭的研究中心，當時全德國火箭科學中的佼佼者都在這裡進行研究。德國納粹政府運

了超過數千名的勞犯到這裡，這些勞犯多半來自當時被德國佔領的法國、比利時和荷蘭，他們被迫建造要用來毀滅他們家鄉的飛彈，建造的過程十分危險，加上盟軍轟炸，前後一共造成了近萬名勞犯還有平民死亡。

在二戰結束後，盟軍各國都想要爭奪這些納粹火箭工程師。其中最核心人物便是後人稱爲「火箭之父」的工程師華納·馮·布朗。布朗與超過百名的德國工程師選擇投效美國，並爲美國太空總署工作，其他的工程師則分別被蘇聯、英國、法國收編。

諷刺的是，這些國家的火箭和核武發展，就是納粹德國的工程師所打下的基礎。這些工程師爲了自己的事業和形象，對於自己過去的納粹背景，還有德國的秘密基地根本就是血汗工廠，強迫了數千名囚犯勞動的事情，絕口不提。

戰爭結束了，這個基地也被捨棄了，處處都是蕭瑟陰森的氣息。

而且這塊區域是完全禁止私人出入的，只有在嚮導的帶領之下，才可以行走某些特定的部分。到處都可以看到斗大的標誌，怵目驚心的寫著：「有生命危險，禁止踏入！」原來，盟軍為了炸毀這個基地，前後投下了十幾萬顆炸彈，大多數都還留在這塊土地裡，而大自然，卻默默的承擔了這一切。

因為絕大部分區域禁止進入，也讓大自然能在過去的數十年間，穩當的自我修護，進而奪回了這塊土地，樹木茂密的覆蓋住了原先的發射基地和斷壁殘垣。戰後的德國和盟軍國都不願意讓社會大眾知道，這個秘密基地存在過，而這個基地，也漸漸被人們遺忘了。

在多年的努力後，鏽跡斑斑的基地工廠遺址成為了博物館，也詳細的列出當初被隱藏的史實。來參觀的人們都被基地的氛圍震懾住，每個人都安安靜靜的看著。在園地上，也有幾個裝置藝術，我訝異的看著一塊牌子上寫著某年有各國的年輕人一起來整理環境的紀錄，上面竟然有臺灣呢！

我與先生結束參觀後，沿著海岸線騎著腳踏車，聽著波羅的海的浪聲，他望著遠方的地平線，靜靜的說：「這些歷史，眞的不應該被忘記……」

1 3
2

1 2 德國納粹政府棄置的火箭研發基地，現在成為博物館，並複製當初德國科學家所建造的火箭，作為展示。

3 研發基地絕大多處雜草叢生，也依舊布滿地雷及化學物質。參觀者只能在嚮導的陪同下進入特定地區，嚮導身後的標誌就寫著：「有生命危險，禁止進入。」

PART 3

美麗景緻背後的
沉重包袱

1. 奧地利帝國的輝煌與毀滅

奧地利帝國的成功是有跡可循的，哈布斯堡家族的政治手段既聰明又狡猾，除了侵略戰爭以外，更是將「婚姻政策」運用到一個淋漓盡致的境界。

來到今天的奧地利，你看到的是一個風景美麗、小巧低調的中立國。翻翻她的歷史，你會發現，這個看似溫和安靜的國家，在歐洲發展歷史上，不論是文化、藝術、政治，都曾扮演了舉足輕重的角色。而且，在二十世紀的世界歷史上，兩次世界大戰都與奧地利脫不了關係：奧地利王儲夫婦謀殺案直接成爲一戰的導火線；而身爲奧地利人的希特勒率領德國入侵波蘭，引爆了二戰。

超過千年歷史的家族

哈布斯堡家族起源於現在的瑞士與德法邊界，最早可以追溯到十世紀左右。

這個渺小又不起眼的諸侯家族，從獲得奧地利（這名字最早的意思就是「東方帝國」）領土開始，不斷的擴展其影響力，涵蓋的領域日漸遼闊，終於建立了「奧地利帝國」。哈布斯堡花了幾百年的時間，用盡各種手段，將歐洲種類紛繁的各支民族納入麾下，也成為稱霸歐洲的強權。然而在二十世紀初，他們也面對被時代淘汰的命運，隨著第一次世界大戰，這支家族黯然下臺了。

我第一次看到Habsburg這個名字，是在國中的歷史課本，當時我到奧地利沒幾個月，德文還不太行，課本內容看不太懂，就是拚命查字典。哈布斯堡成員叫做Habsburger，字典翻半天都查不到這個字。我不解的跑去問老師：「這跟漢堡包（Hamburger）有關係嗎？」把老師逗笑了。老師特別爲我解釋了一番，我才知道這是一個所有奧地利人都知道的家族，也是奧地利史上最重要的家族。

奧地利帝國的成功是有跡可循的，哈布斯堡家族的政治手段既聰明又狡猾，除了侵略戰爭以外，更是將「婚姻政策」運用到一個淋漓盡致的境界。我在歷史課也讀了一首著名的拉丁詩文，如此形容奧地利王朝的政治手腕：

Bélla geránt aliī, tu félix Áustria nūbe.

讓其他人去打戰，你，幸福的奧地利，結婚去吧。

Nám quae Márs aliīs, dát tibi díva Venūs

戰神馬爾斯給其他人的，會由愛神維納斯給你。

歷史老師說，「幸福的奧地利」其實就是在戰場上打不過別人，可是軍事上還有政治上都需要盟友，就用「和親」的辦法來解圍和籠絡。所以，奧地利嫁了一堆公主出去（比如法國瑪麗·安托瓦內特皇后[1]），同時也娶了一堆公主進門。

哈布斯堡家族枝葉茂盛，在全盛時期，除了統治奧地利外，其領

1 一七五五～一七九三，在十五個孩子中排行老么，她的母親是奧地利史上唯一的女皇瑪麗亞·特蕾莎（Maria Theresia，一七一七～一七八〇）。瑪麗在十五歲時，被自己的母親嫁到法國去「和番」。三十八歲那年，正值法國大革命的高峰時期，被送上斷頭臺處決。她極受爭議的一生，常常被改編登上小說或是電影。

土還囊括了今日的瑞士、德國、法國、西班牙、義大利、羅馬尼亞、波蘭、立陶宛、烏克蘭中的部分領土、捷克、斯洛伐克、匈牙利、斯洛維尼亞、克羅埃西亞、波斯尼亞、塞爾維亞、蒙特內克羅等，也因爲數百年刻意的婚姻政策，哈斯布堡家族成爲歐洲歷史上影響力最大、統治地域最廣的王室家族，許多君主諸侯也都來自這個家族。

哈布斯堡家族在第一次世界大戰結束黯然下臺之前，所統治的領土超過六十七萬平方公里，在歐洲僅次於俄羅斯帝國。

我不時會聽到一些來歐洲旅行的朋友疑惑的表示：「怎麼歐洲好多地方的建築那麼相像？」其實，這就是奧地利皇室的傑作。正因爲在過去統領了這麼多不同國家，所以也順理成章的影響了歐洲各地的建築發展，相對的，各個附屬國中不同民族的文化風俗，也對奧地利皇室的審美觀起了很大的影響。

一直到今天，在歐洲各國都還能看到奧地利皇室設置的德文標語、建築還有設施。我甚至在波羅的海三小國中的立陶宛，看到奧地利帝國工程師在當地所留下的德文測量標誌。

領土遼闊，統治這麼多不同民族及語言，又是歐洲文化藝術的領頭羊（維也納的「音樂之都」地位，就是奧地利帝國所奠立的），哈布斯堡家族對外是光鮮亮麗的，但是回到家關起門，爲了處理不同民族之間的糾紛，不讓帝國分崩離析，搞得狼狽窘迫極了。

在所有的領土中，匈牙利因爲經濟軍事的強盛，在奧地利帝國中一直比其他的附屬國擁有更高的地位。在一八六七年，哈布斯堡家族爲了保障奧地利皇帝在匈牙利的地位，也爲了防止富裕強盛的匈牙利脫離奧地利獨立，決定提升匈牙利的地位。因此進行了所謂的「奧匈和解」，將奧地利帝國的老字號改名，變成了「奧地利匈牙利帝國」（中文翻譯簡稱「奧匈帝國」）。

我在中學時期，也學到了「KK帝國」（k. und k. Monarchie）這個名稱：第一個「K」指的是皇帝（Kaiser），第二個「K」則是國王（König）。哈布斯家族的領導人在檯面上身兼匈牙利國王與奧地利皇帝，看似風光得很，然而實際上，除了外交和國防由中央政府集中統籌以外，匈牙利基本上就是一個自治國了。

匈牙利的特權地位，也引起奧匈帝國內其他民族的強烈不滿，加上各地的民族主義逐漸成熟，也越演越烈，就在改名爲奧匈帝國不到五十年，第一次世界大戰爆發，四年後，奧匈帝國成爲戰敗國，整個帝國也隨著徹底瓦解了。

無法展志的皇太子

奧匈帝國的毀滅，也與哈布斯堡的家務事息息相關。

奧地利王室最後一個直系繼承人是皇太子魯道夫，出生在十九世紀中期。魯道夫的父皇叫做皇帝弗蘭茲．約瑟夫，以強勢的手腕威名遠播；魯道夫的母后則是奧地利帝國史上被稱爲最美、最時尚也最叛逆的皇后——伊莉莎白．阿馬莉亞．歐根妮。

伊莉莎白皇后來自德國南方的巴伐利亞王國，暱稱西西公主，她與奧地利皇帝戀愛結婚，在保守的王室社交圈簡直就是標新立異。她不符合皇室所想要的那種乖巧柔順的皇后，便遭到嚴重的孤立，也飽受批評。

反倒是匈牙利人民非常愛戴這位敢愛敢恨的皇后。一直到今天，在匈牙利到處都還有被命名爲「伊莉莎白」的道路、廣場和公園。每次去匈牙利，都會看到各式以她的名字命名的產品，就連在超市，也會看到西西優格、西西乳酪、西西果醬等。

西西公主的美貌和熱愛自由、挑戰傳統的個性，也成爲現代西方電影和卡通中的公主及王妃形象的重要靈感來源。

歐洲的工業在十九世紀盛行，資本主義不斷改變社會的容貌，而社會主義、自由主義、國家民族主義都在蠢蠢欲動，叫囂著要取代舊世代的封建主義。皇太子魯道夫在這樣的氛圍中成長，多次對父皇提出闊斧改革的建議，也有預感四處崛起的民族主義有一天會撕裂奧地利皇室。他的意見不受到皇帝的採納，最主要也是因爲皇帝對自己的現代化政策很有信心，尤其是當時帝國內機械製造業、重金屬業和軍火工業都十分興盛，遙遙領先其他許多國家。但是，在耀眼燦爛的美麗衣裳下，行政官僚體系已經漸漸露出僵化老朽的姿態。

在一九八九年，魯道夫才剛過三十歲生日沒多久，長期受到憂鬱症影響的他與年僅十七歲的情婦雙雙殉情。皇太子的自殺事件，讓原本就搖搖欲墜的奧地利王室家庭架構完全崩裂，也在歐洲政界投下了一顆震撼彈。伊莉莎白皇后從失去獨子的那天起，終其一生只穿著黑色衣裳。皇帝痛失愛子，加上自己的親弟弟也隨即過世，皇帝不得已，讓魯道夫的堂弟法蘭茲．斐迪南成爲皇位繼承人。

在魯道夫過世不到十年，皇室又受到悲劇籠罩：伊莉莎白皇后遭到一名義大利反皇人士襲擊，一刀刺入心臟，當場斃命。

分崩離析的第一次世界大戰，就從奧地利開始

新的王儲跟崇尚自由開放包容主義的魯道夫截然不同，他主張不顧一切代價壓制所有附屬國的任何反抗，好似在已燒得沸騰的民族主義上又倒油進去。

一九一四年，弗朗茲．斐迪南王儲與他的王妃在巴爾幹半島出巡時，在熱鬧的大街上被突然衝出來的塞爾維亞學生槍殺，夫婦雙雙死亡。這一消息震驚歐洲以及世界，甚至連美國紐約時報都以極大的篇幅在頭版上報導此事，各國媒體都嗅到了即將變天的氣息。

這一場暗殺案，給了奧地利皇室一個最好不過的理由，趁機打擊塞爾維亞這個強壓不下的附屬國，奧地利皇帝以八十四歲的高齡，正式對塞爾維亞宣戰。

當時沒有人料到，奧地利下的這個決定，將引起一場傷亡慘重的戰爭，因爲接下來的四年，歐洲將分爲好幾個戰場，也波及到其他大

陸，成爲了第一次世界大戰。

在戰爭中期，奧地利皇帝因病駕崩，享年高齡八十六歲，他一輩子歷經滄桑，也比自己的妻子、弟弟、獨子、姪子活得都還要久。這次，他的繼承人是姪孫卡爾，他在皇帝駕崩的那一年，也就是一九一六年，登上了王座。兩年後，戰爭黯然結束，而掀起這場慘烈戰爭的奧地利，成爲街頭老鼠人人喊打的戰敗國，奧地利王朝遭到徹底覆滅，歐洲版圖重新規畫，新興國家如春後新筍般冒出來。

奧地利皇室失去了絕大多部分的領土，卡爾見大勢已去，只好解散了奧匈帝國的軍隊，奧地利也以共和國的形式重新回到政治舞臺，而絕大多數的皇室成員，都被送出國流亡。奧地利在制定新憲法時，將皇室的權勢完全斬除，也廢除貴族階級[2]。這條在一九一九年實施的〈廢除貴族法令〉，除了在早期做了一些微調之外，在過了近百年後的今天，依舊適用。也就是說，貴族成爲是跟眾人相同的人民，也不能在任何文件和身分證件上使用伯爵、公爵、王子、公主等稱謂，

皇太子魯道夫殉情的狩獵城堡，後來被父親改建成教堂修道院，為他祈福。

一旦觸犯即是違法。

哈布斯堡家族和其他貴族的後代目前分布在全世界各地，也有一些當初皇室成員的後代，從流亡生涯回到奧地利，行事都極爲低調。雖然奧地利法律嚴格禁止使用貴族頭銜，實際上，許多奧地利人對奧地利王室還有貴族還是抱著相當程度的嚮往，外加媒體的誇大渲染，更爲這些貴族後代抹上一股神秘氣息。

許多貴族的後代，在奧地利的文化產業都依然有相當的影響力。在文化界待久了，多多少少也會與貴族打交道，其實他們並沒有傳說中的神秘，不過有些人的確會因爲來自古老家族，處處顯出優越感。

不過話說回來，大多數的奧地利貴族後代，都盡力維持家庭中百年流傳下來的傳統：從小到大要學十八般武藝，要背家譜、讀家族史、寫信要使用家傳的家徽印章、手上戴的是家徽戒指，而且家裡也堆滿積了一層灰塵的古物古畫（不敢丟也不敢變賣），爲了打理祖先留下一片又一片的莊園，永遠都在焦頭爛額……

2 其他許多歐洲國家並沒有正式廢除貴族，很多貴族的生活都是歐洲狗仔記者喜歡報導的對象。一些諸侯後代的王子公主們，也是許多電視節目的嘉賓，介紹貴族的文化歷史和各處的諸侯城堡。

2. 奧地利一路走來

在成為現代富裕國家的路上，奧地利引進了大量來自南歐及土耳其的外勞，他們做著許多奧地利當地人不肯做的低薪勞力工作，這群人可以說是二戰後重建奧地利的過程中，沒有聲音的重要功臣。

從被併吞到重新獨立

奧地利在一戰後，成爲了共和國。一夕之間，承繼幾百年傳統與威望的強大帝國消失了，人民無所適從，國內局勢動盪不安。就在這段時間，在德國南部，出現一位來自奧地利的潦倒畫家，他以犀利的口才和挑釁的言論，在德國政治界展露頭角。這個畫家出生在奧地利皇太子自殺的一八八九年，他的名字就是阿道爾夫．希特勒。

希特勒生於長於奧地利和德國的邊界（那裡可是好山好水的小鎮，非常美麗，許多中古時代的建築都好好的被保存下來），他躍上德國的政治頂端後，以冷血獨裁的方式治理德國，也計畫有一天將自己的家鄉奧地利，收納入大德國的領土中。他在奧地利安置自己的黨羽，對奧地利人進行大德國主義的思想洗腦，另一方面也巧妙的滲透奧地利的政治。

等到時機成熟時，希特勒對奧地利政府上演了幾場逼宮戲，成功讓奧地利政府徹底崩潰，不得不交出奧地利。雖然希特勒有不惜一戰的心理準備，但因爲多年的全面滲透及思想作戰，完全就是兵不血刃的拿下了奧地利，順利的叫人不敢置信。

一九三八年三月，希特勒親自來到維也納，特地選在奧地利帝國皇宮外的英雄廣場，在二十五萬名追隨者、好奇民眾和渴望改變的人們面前，驕傲的喊出：「我在德意志歷史的這一刻，宣布我的家鄉現在終於加入了德意志帝國！」民眾被他語氣中的熱切所蠱惑，歡呼不已。從此，奧地利與德國「合併」了。不過，希特勒的「加入」和「合併」說得很好聽，但說穿了就是「被併吞」：奧地利共和國從此消失在歐洲地圖上，正式成爲德國領土的一個省。

當時確實不少奧地利人對希特勒的作風並不認同，但依然打從心底希望加入新崛起的德意志帝國。因爲才不到二十年前，奧地利從歐洲強權變成一個大家喊打的過街老鼠，也失去了絕大多數的領土，奧地利人的自尊大受打擊，茫然失措。當身爲奧地利人的希特勒出現，不僅站上德國政治舞臺，還緊緊掌握整個德國，讓奧地利人產生幻想，認爲只要依靠希特勒，有一天便能夠擺脫戰敗國的羞恥，甚至有人也認爲，奧地利就算因此被併吞成一個省分，也值得。

所有的奧地利人在一夕之間變成了德國人民。希特勒也毫不留情的排除異己，不僅屠殺猶太人、少數民族、精神病患和殘障人士，不配合主流思想的人和社會菁英也不斷的消失。許多奧地利人開始感到害怕，但是這時候的奧地利，已經完全被希特勒與他的奧地利黨羽牢牢掌控了，包含教育和媒體，都在灌輸奧地利人「奧地利自古以來便屬於德意志民族」的觀念。二戰爆發後，奧地利男子們也被迫必須爲德國軍效力，我先生的外公和爺爺也曾被編列，以德國軍人的身分上戰場，長征到蘇聯。

奧地利共和國的浴火重生

二戰打得如火如荼，一九四三年盟軍發表了〈莫斯科宣言〉，其中將奧地利正式列爲第一個受到希特勒侵略的自由國家，也認定奧地利在一九三八年並不是自願加入了德意志帝國，而是被攻陷占領、被納入德國的版圖，盟軍更進一步判定，德國在一九三八年占領奧地利一舉是無效且非法的。

這些看起來像是文字遊戲的段落，卻是決定奧地利在戰後地位的重要關鍵。一九四五年時，第二次世界大戰終於落幕了，身爲戰敗國的德國，在盟軍的要求下，不甘願的交出了奧地利的主權，奧地利恢復了國家身分，而且因爲她的身分被定調在「受害國」，而不是「共犯」，所以得以逃過許多戰後的責任追究和法律制裁。

奧地利在戰後雖然恢復了國家身分，但還不是一個主權獨立的國家，因爲得交接的事情也實在太多了，奧地利被劃分成四等分，暫時讓四個盟軍國（美、蘇、英、法）進行軍事代管。

這段時間裡，在冗長的談判中慢慢確認了奧地利的領土範圍和其他細節[3]，奧地利也重建新的民主制度，經濟制度也開始走上一條穩健的道路，生活秩序和民眾生計問題也步上軌道了，時機漸漸成熟：是奧地利成爲主權獨立國家的時候了。

在一九四五年初，奧地利臨時政府正式誕生，同年五月十五日，奧地利在維也納與各個盟軍國簽署了〈重建獨立與民主的奧地利之國家合約〉，七月二十七日，簽署了最後一份文件。一旦簽完最後一份文件，盟軍的所有人員得在九十天的期限內全數由奧地利撤退，奧地利得以恢復領土和主權完整。在第九十天（十月二十五日），最後一批盟軍成員離開奧地利，在這天，奧地利政府公開對人民宣布了大家

3 如何處置在奧地利境內的德國產業去向、被蘇聯趁火打劫沒收的奧地利船工業和石油產業等。

朝思暮想的好消息：「奧地利自由了！」

隔天，也就是十月二十六日，奧地利國會作出決議，奧地利將維持「永久中立」，十月二十六日也被定爲奧地利的國慶日。同年年底，奧地利終於能夠以「奧地利共和國」的名字，正式成爲聯合國的一員。

我曾在公公的工具倉庫中，看到一支非常沉重的鐵鏟，上面印著英文和英軍的代號。公公跟我解釋說，它就是出於盟軍代管時期，奧地利南部是由英國代管，公公的爸爸媽媽（也就是我先生的爺爺奶奶）是菜農，戰後物資還有人手都狂缺，當時很多英國阿兵哥到爺爺的菜田幫忙，這鐵鏟就是當時一個阿兵哥留下的，爺爺也很珍惜，就一直保存下來，直到今天。

臺灣和奧地利，都在面臨相同的挑戰

盟軍離開後，奧地利繼續努力進行重建，並成功的成爲了一個高福利的民主社會主義國家，成爲了全世界最富裕的國家之一。二〇一六年的統計中，奧地利在二十七個歐盟會員國中，富裕程度排行第四，還在德國、英國、瑞典之前。在二〇一七年由美國波士頓顧問集團所做的全球一百六十多國生活品質調查中，前幾名都是歐洲國家，而奧地利排行第四（前三名爲挪威，瑞士和荷蘭）。

在成爲現代富裕國家的路上，奧地利引進了大量來自南歐及土耳其的外勞，他們做著許多奧地利當地人不肯做的低薪勞力工作，這群人可以說是二戰後重建奧地利的過程中，沒有聲音的重要功臣。

後來，許多外勞留了下來，再將自己留在家鄉的妻小接來奧地利，在此落地生根，他們的二代及三代子孫，就是在奧地利這塊土地上出生成長的。但是，奧地利整體上是一個既保守又很難對外地人打開心胸的民族，正因爲這些移民後代的外表與本地人不同，加上不同的文化習俗、宗教信仰，他們常常不被視爲奧地利的一分子，這些移民後代也很難打入奧地利主流社會，有極爲嚴重的認同問題，族群之間摩擦也十分普遍。

今天的奧地利，是數百年以來，奧地利帝國所留下的多國文化、二戰後來幫忙重建的外勞和其後代組成，儼然就是個文化大熔爐。每個城市的居民組成除了當地人，也有其他鄉鎮人民、外國來的移民、難民，這些不同的人口，一方面讓城市增添了更多元化的面貌，相對的，也因爲本地文化受到衝擊，而產生大大小小的衝突。

像我住的城市，雖然人口不到三十萬（加上外圍地區約六十三萬人），卻有超過來自一百五十個國家的人民。

各個學校裡面也有許多「新奧地利之子」，有些學校的移民背景[4]學生比例甚至超過百分之九十！許多學生的母語也不是德文，語言和文化的隔閡，也造成老師與家長之間溝通上的困難，我就有許多在中小學工作的朋友沮喪的對我說，許多新奧地利之子被夾在截然不同的文化中摸索著，非常辛苦。也有女性老師跟我說，有些學生的父親來自父權思想很重的國家，拒絕與女老師說話。

奧地利社會普遍認爲，在與國際接軌的同時，如何讓外來人口融入當地社會，還有降低奧地利人對外來移民的主觀排斥和恐懼（擔心工作被搶走、工資越來越低廉、外來文化影響社會風氣、治安率下降等），是奧地利在現代所遇到最大的挑戰。

多元文化的現今臺灣

我發現，其實臺灣也面臨跟今日的奧地利極爲相似的衝擊。在我看來，臺灣並不是這些年來才開始國際化的，早在數百年前，就開始用自己的方式，融和著各式本地和外海來的文化。我的爺爺，曾接受過正統日本教育，退休後總是看NHK節目，除了教我一些日本文化

4 奧地利的定義是：本身或是雙親之一在奧地利以外的國家出生，即稱為移民背景。

外，也曾亦眞亦假的對我說：「老家村落的那位養鴨的阿公其實是日本人，他以前還曾在神風特攻隊裡喔！」看我聽得一愣一愣，他呵呵的笑了，不管我怎麼追問，就是不再多說。

也記得街頭轉角賣牛肉麵的山東阿伯，總會看到他滿頭大汗的揉捏著麵糰，表情專注，阿伯說話有一種豪邁的腔調，仔細一聽，他的山東腔竟也揉進了一股屏東人的口音。

在屏東市的舊眷村附近，有一家號稱「正統北平口味」的飯館，賣著與我熟悉的臺菜截然不同的菜餚，總讓小小的我覺得好像來到奇幻世界。我記得價格不低，都是比較特別的時刻才有機會進去，而我最喜歡的就是小米粥配牛肉餡餅，老是珍惜的一小口一小口咬著。後來有次因演奏邀約到了北京，吃到了小米粥，而那味道竟然準確的與兒時回憶銜接起來。

每次回屏東老家，就會遇到越來越多因爲旅遊、伴侶、念書、工作來到臺灣的外國人，眞的能夠感受到，世界越來越近了。我也看到許多面孔與我們有點類似，卻又不太一樣的亞洲人，他們操著微妙的口音，說著中文、臺語、客語等。他們的小孩，看起來就跟其他的屏東小孩沒有兩樣，而一轉頭，跟媽媽或爸爸說著印尼話、馬來話、越南話等等。

在屏東老家附近有間髮廊，店裡有一個來自柬埔寨的員工，她嫁給一個臺灣人，為了貼補家計，便在髮廊打工，每次我回去，都會發現她不僅頭髮洗得越來越好，語言能力更是三級跳，她也會害羞的跟我說她開始去學校上課了。我喜歡聽她說自己家鄉的故事，每次回家探親，一定是大包小包，她甚至抬過十幾公斤的發電機回去柬埔寨，左右手各一臺！「還沒回到家手就瘦得要死！」她用著充滿南臺灣的語氣抱怨著，眼睛亮晶晶的，我把她的笑容收在眼底，心裡泛起一股暖意。

也是在這個髮廊裡，我認識了一個從俄羅斯嫁來屏東的女生，她說話就像我的俄羅斯音樂朋友一樣，大剌剌又霸氣十足，有鄉親稱她是「新移民姊妹」。

我聽了不禁笑了，因爲在奧地利，我不也是新移民姊妹嗎？

3. 面對自己國家在歷史上的不美好

當初那個大雪紛飛的夜晚，當居民們悄悄把衣物藏在花園，他們是否想著自己在遠方作戰的兒子、父親、兄弟？當戰俘們找到這些衣物換上時，他們的心，或許也悄悄連繫在一起了，而冒著生命危險藏匿戰犯的母親，在最黑暗的時刻，依然不肯放棄人性。

著名的美國導演史蒂芬・史匹柏在一九九三年推出了一部關於納粹德國的影片《辛德勒的名單》，故事是說一名叫做辛德勒的德國商人，運用工廠需要工人的理由，成功的讓許多的猶太人避難，免去被送進集中營的命運。

那年，我十四歲，我的德文程度已能應付一般會話，知道學校要帶我們去看這部片時，我有點擔心自己看不懂，網路還不盛行，當然也沒有有爆雷的影評部落格。班上幾位同學很體貼，提議先陪我去看，看完後，我們都哭成一團。

雖然我知道電影爲了營造效果，勢必扭曲或是誇張部分事實，但是這部片子對年紀輕輕的我，實在太震撼了。這裡的外語片多半會被配上德文發音[5]，這部片發生在德國，裡面的人物被加上了德語聲音，顯得更眞實。

辛德勒到底出於什麼理由救了猶太人，一直受到很多的議論。眞正叫我在意的是片中所描述的情景，對一個十四歲女孩來說，無法想像人類的歷史上竟然有這樣的事情發生，也無法想像，原來人類可以這麼殘暴。

當時我也與一位奧地利長輩談到此片，我沒說幾句話，她就揮揮手，要我別再說下去。

「爲什麼過去的事情要一直被翻出來呢？」她幽幽的望著遠方，「我已經無法忘記這些事情了，爲什麼還有人要把這一切拍成電影，讓我更忘不了呢？我絕對不去看這部電影！」

她的兄長在二戰時被徵召上戰場。因爲奧地利曾經被納粹德國占領，所以他雖然是奧地利人，卻是以德國兵的身分在戰場上陣亡。

也有德國來的同學說：「爲什麼世人要不斷提醒，我們德國人

5 我不喜歡看配音片，因為我一直覺得聲音也是演員的表演之一。但是不得不說，德文配音員真是超優的，有的甚至比原版的還要富感情！也是因為如此，許多德文配音員名氣很大，也是有聲書和廣播劇爭相邀請的對象。

到了今天還是多麼對不起猶太人呢？我們到底還要背負這個包袱多久？」她惡狠狠的說：「而且認眞說起來，當初決定要殺害猶太人的希特勒，還不是德國人，而是奧地利人！」

當時的我，對於歷史發展的思考還不夠了解，也覺得他們說得頗有道理，因爲對他們來說，這是不斷被翻攪、他們不想去記起的回憶。但我還是覺得，對不了解這段歷史的人來說，有一道厚重的門擋在我們與這段歷史之間，而任何一種能夠打開門的鑰匙都很重要。我很慶幸自己看了這部電影，因爲在此之前，我完全不知道集中營是這麼可怕的東西，也不知道，才不過在半個世紀前，這些悲劇就發生在我踩的這塊土地上，看完後，我實在不希望自己對這段歷史沒有任何概念。

我告訴我的德國同學，看完這部電影後，我並不覺得現在的德國人對不起猶太人，我只是覺得，人的心中原來可以裝載這麼多毀滅的想法，很可怕。更何況片中代表正義、人道主義的男主角，可不是德國人嗎？

對於德國大獨裁者希特勒的背景，我的德國同學完全沒說錯。是的，他並不是德國人，而是土生土長的奧地利人。當年，希特勒從一個潦倒的奧地利畫家一路攀爬德國的政治最頂端，在一九三八年，希特勒不花一兵一卒，就將他口中的「我的故鄉」納入德國領土。一九四五年二戰結束，德國戰敗，奧地利才從德國版圖被分出來，被盟軍共同代管，一直到一九五五年，才又成爲一個獨立的國家。

我於一九九二年開始在奧地利上中學，那時奧地利的轉型正義才剛起步，開始面對自己於二戰時候該負的責任。原來，在二戰結束後，奧地利的教育偏向著重自己是納粹主義下的受害者、是被德國單方面「合併」的，如果有什麼不光彩的事跡，總是推託說：「都是德國逼迫我們的。」

而活過當代的人，大多選擇了集體沉默，許多在納粹時期活躍的納粹政治家，甚至在奧地利成爲民主國家後，又在政府裡面得到職位，他們也對自己的過去絕口不提。許多歷史眞相似乎就要這樣消失，二戰結束約四十年，奧地利政府才決定好好開始面對那被掩蓋住的歷史。教科書也變得比以前中立，開始用不同角度敘述奧地利在二戰前後的不光彩。

我們學到了，原來納粹主義成就了不少奧地利籍的投機分子，原來許多最殘暴的納粹軍官以及政治人物，都是奧地利人。

我們學到了，奧地利被併吞的時候，希特勒親自前往奧地利首都維也納，市中心被擠得水洩不通，民眾夾道歡迎他，稱他是榮耀返鄉的奧地利之光。

我們學到了，原來當時有許多奧地利本地菁英不僅不肯服從納粹主義，更是挺身反抗德國政權，而他們的下場悽慘，不是受到迫害逃亡，就是被處決。

歐洲最後一個被解放的毛特豪森集中營

是的，我們學到了奧地利有集中營，而且還不少間。

我十六歲那年，中學導師安排我們去參觀奧地利最大的集中營——位於奧地利中部的毛特豪森。

這座集中營在短短幾年間，關了來自超過四十個國家，近二十萬人次的囚犯（異議分子、同性戀者、他國戰俘、身障人士、智障人士、猶太人、少數民族等），我們得知毛特豪森也有毒氣室、近兩百階的「死亡階梯」（直接把沒有力氣做工的囚犯丟下階梯摔死）、焚燒屍體室等。只有不到一半的囚犯，在二戰結束後活著離開，而實際的死亡人數更高，因爲許多被屠殺的人數都沒有被記錄下來。

老師很詳細的爲我們做準備，還看了一部才發行不到兩年的奧地利電影《獵兔行動》（Hasenjagd）。這部電影敘述毛特豪森集中營最聳人聽聞的大逃脫。一九四一年有四到五千名左右的蘇聯戰俘被送進來，他們是所謂的「K囚犯」（K-Häflinge），K是德文Kugel（子彈）的縮寫，意思就是這些人都是死刑犯。一個接一個被餓死、凌遲死，最後的數百名囚犯嘗試逃亡，一部分的囚犯甚至犧牲自己做人牆，撲在通電的鐵絲網圍牆上，讓夥伴們爬在他們的屍體逃出去。而外出圍捕逃犯的納粹士兵們笑稱：「兔子逃跑了，我們要去打獵了！」最後只有九名（也有數據說是十一名）生存下來。而其他的幾百名逃犯，不是被獵殺，或是在雪中被活活凍死。

我們浩浩蕩蕩的坐著遊覽車，開著山路，繞啊繞，一路到了毛特豪森。

一到那裡，就能感受到空氣中的凝重。我們這群吱吱喳喳的青春年華小女孩們，在聽到沉重的鐵門在我們身後「噠」的一聲被關上時，突然全都安靜下來。在參觀了集中營的設施，聽了許多肝腸寸斷的故事後，接著進去毒氣室，當導覽員把門關起來，我們彷彿聽見這裡曾有過的哀叫，也害怕的叫了起來，還有同學腳軟跌在地上。

在一個小房間中，我們看到了兩個如浴缸大小的焚化爐，牆上釘滿了香味濃郁的鮮花、紀念碑、泛黃的照片，許多小小的蠟燭放在各個角落，靜靜燃燒著。我們還反應不過來時，導覽員開口了：「因爲許多人都是活活被餓死，死的時候都是皮包骨。一個爐子，一次可以塞進七具屍體。」他指著各處的蠟燭，告訴我們，這些蠟燭是爲死者祈福而點的。

我們看了紀錄影片，其中有一幕重重的把我胸腔中的空氣全敲了出來，令我呼吸困難，那是被關在隔離室中的囚犯在牆壁上留下的字跡：

「如果這世上眞的有神的存在，那麼祂必須向我請求原諒。」

影片中有一個當時解放集中營的軍官，這時已是白髮蒼蒼的老先生了，他幾度哽咽，不斷擦拭眼角，顯然軍人的節操使他不想失態。但是，他最後還是忍不住，失聲痛哭起來，說：「當我打開那扇門時，我看到的，不是人間，是地獄。」

我們這才知道，原來毛特豪森是全歐洲最後一個被盟軍解放的集中營。許多囚犯還在美軍進來的當天暴斃（心臟承受不住這樣的刺激。）還有許多囚犯因爲腸胃全損，甚至連盟軍發給他們的補給品都無法承受，就這樣死去。

回家後，我在日記裡寫著：「這是多麼悲哀，終於擁有自由時，卻無法享受自由了。但是至少，他們是帶著自由的靈魂離開的。」

過了二十多年，很多當時看到的聽到的，我都不太記得了。但是有一幕，直到今天，依舊牢牢的嵌在我腦海裡：那是一張照片。

在參觀所有的設施後，出口前有一個攝影展。其中有一張照片，是一個看起來就像一般奧地利農民家裡的庭園，角落整齊的疊放著許多不同尺寸的衣服。攝影展中模擬著照片的場景，也搭了一個庭園的角落，整齊堆放了一疊衣服。

原來這是重現當年「獵兔計畫」的一個眞實情景。那是天寒地凍的奧地利深冬，集中營的管理階級要求附近村民，看到逃犯必須立刻通報。有的村民不願意配合，也不願見死不救，卻不知道如何幫助這些逃犯。而當時囚犯們都只穿著薄薄的囚犯服，在零下近十度的大雪中，生存機率根本是零，附近的居民就趁半夜把家裡不同尺寸的冬天衣裳放在庭園的樹叢中，希望囚犯躲到一般人家庭院的時候，能夠把身上顯眼的星條紋囚犯服換掉，甚至也有居民冒著生命危險，把逃犯藏在家裡，一直藏到戰爭結束。

心中的波濤洶湧在這時候整個淹出來。我站在那一疊衣服前面，淚水完全停不下來。我看到了人性最黑暗的一面，都還可以自制。但是，看到在最黑暗的時候，還是有人，就算知道被發現後自己也性命不保，還是願意對這些逃犯伸出援手，那股力量太大了，徹底撼動了我。

踏出了出口，外面的太陽灼灼的晒著，我的眼淚還是一直流個不停，參觀的最後一幕，像隻溫柔的手，輕輕撫慰著一個年輕女孩的心，我漸漸平靜下來。

大家靜靜的坐上了遊覽車後，我看著窗外呼嘯而過的風景，想著紀錄片中那位窩藏戰俘的奧地利農婦，被問及爲什麼這麼做，她淡淡的說：「我是個母親，我也有孩子在戰場上。而這些孩子在家鄉，也一定有盼望他們平安回家的母親。」

當初那個大雪紛飛的夜晚，當居民們悄悄把衣物藏在花園，他們是否想著自己在遠方作戰的兒子、父親、兄弟？當戰俘們找到這些衣物換上時，他們的心，或許也悄悄連繫在一起了，而冒著生命危險藏匿戰犯的母親，在最黑暗的時刻，依然不肯放棄人性。

我之所以相信轉型正義的重要，也要感謝在奧地利中學裡所遇到的老師們的堅持，陪伴我們接觸相關知識。一顆又一顆的種子，就這樣靜悄悄的落在我心中，陪伴著我長大，對我的人生觀帶來的影響，蜿蜒綿長。

原來，轉型正義並不是要撕裂，也不是要翻舊帳，它是要在黑暗中尋找光明的出口，也是要給予後來的人，新的力量以及希望。

釐清事實、進行補償的轉型正義

今日的奧地利，除了在憲法層面立法嚴禁納粹活動，也有許多轉型正義的企畫，除了大規模系統性的整理史資，製作展覽、出版書籍、在各中小學推廣探討二戰史實的活動外，我個人很推崇的是「國外服務」這個企畫安排奧地利年輕人（替代役或志工）到國外進行不同的社會服務，其中就有到全世界各地紀念二戰時期納粹受害者設施（比如說大屠殺紀念館、博物館、研究機構）擔任志工。一方面是爲了面對歷史責任，另一方面也是爲了讓奧地利年輕人有機會實踐轉型正義，這個計畫在全世界二十二個國家都有定點。我有個鋼琴學生就到以色列進行了一年的國外服務，在位於以色列耶路撒冷的「猶太大屠殺紀念館」擔任德文翻譯和嚮導志工。

但是，在轉型正義的這條路上，奧地利人一路上也是跌跌撞撞。

在戰後，許多奧地利人就算知道眞相，也因爲不想面對羞恥和痛苦的回憶，不願去談。奧地利政府在一九八〇年代，因爲國際壓力和國內許多歷史學家的努力，開始面對歷史上的不光彩，遭到許多民眾的不諒解，尤其是戰後出生的奧地利人，從媒體和教育上接收到的，清一色是被扭曲、被美化的歷史觀，也壓根兒不想去了解眞正的史實，當他們聽到二戰時期奧地利也是主動的加害者，無法接受，也不肯相信。也有人覺得這一切根本沒有必要，重要的是往前看、拚經濟、拚生活才對。也有民眾振振有詞的說：「有必要翻舊帳？有必要道歉？都已經過去那麼久了！」

一九八八年，維也納的市長赫爾穆特．齊爾克在維也納「國家歌劇院」後方的廣場上，搭了紀念納粹時期受難者的紀念碑，受到極大的輿論批判。甚至有人說，這是音樂之都維也納最有文化的地點，怎麼可以放這種東西！殊不知，就連舉世聞名的「維也納愛樂樂團」，也曾是納粹的幫兇，曾開除有猶太血統的團員（有些也死於集中營），而多名樂團成員也曾經是納粹黨員，樂團高層也與許多納粹政客掛勾。

我先生在二戰補償基金會工作了好一段時間，那時候我還在藝大念第二個碩士，我一位同學的房東是一位上流社會奧地利阿嬤，在某次的宴會上，我將當時還是我男朋友的先生帶上。阿嬤先是讚美我先生一表人才，對他和顏悅色，在聽到他的職業後，臉色大變，用著不以爲然的語氣，輕蔑的說：「奧地利欠這些人什麼？這些不要臉又死愛錢的猶太人，連一根湯匙都想要回去！」聽到這樣標準的納粹言論，從一個現代人口中吐出來，我們周遭的人都傻了。而我先生，完全不爲所動，微笑有禮的回道：「如果當初無緣無故就被抄家的人是您，我們今天不顧一切，也會把您的每根湯匙都還給您的！」老太婆面對這樣四兩撥千金的反擊，表情難看至極。

這些年回臺灣，總會看到許多關於轉型正義的努力，我聽著看著，眼淚直流。擦乾眼淚，我對這些努力是抱著感激的心情的。我年紀輕輕就離開臺灣，對自己家鄉的了解非常貧乏，經由轉型正義，我開始看到臺灣在近代史上所發生過的事情。心中曾經有過的一些問號，也慢慢得到了句號。

而我也看到許多抨擊和反對的言論，訝異的發現，許多說法跟奧地利反對者的說法，竟然幾乎一模一樣！我不禁想起，那次宴會後，我問我先生，聽到這個死老太婆（我氣壞了，所以口不擇言）這樣嗆他，聽了難道不生氣嗎？他聳聳肩說，這種言論他可聽多了，基金會的員工一天到晚被嗆，早就習慣了。他對我說：「如果知道自己在做的事情是該做的、絕對必須做的，你心裡自然有一把尺，就不會去理會這些言論。」

在轉型正義的過程中，總會因爲回顧過去，讓加害者羞恥或想逃避，而被害者被掀開傷口而痛苦。但是唯有了解始末，才能釐清事實和追究責任，進而進行具體的補償。但更重要的是，防止相似的事在未來再次發生，才是轉型正義在追求的眞正目標。奧地利在這條路上走了數十年，到現在還是一直有人持反對聲浪。但是，只要知道這是該做的、絕對必須做的，那麼，就不要因爲被批評、被阻撓，而停下你的腳步。

就算只是一根湯匙，也該讓它回到主人身邊。

4. 觸動內心深處的「絆腳石」

絆腳石的落成典禮，也成為了受害人後代的尋根之旅。許多受害人在生前傾家蕩產，就是為了把家人送出國避難，如今他們的後代都分散在全世界各地。絕大多數的絆腳石上面的名字，皆為猶太人。

從世界各地來參加落成典禮的民眾，也會將小石頭放置在絆腳石邊，這是猶太文化的一個習俗：在墓碑旁放上一塊小石頭，代表生者沒有遺忘亡者，心情仍與之同在。

它，面積只有十平方公分，大小跟魔術方塊差不多，卻負載著歷史中被遺忘的淚痕，那麼的安靜，卻能夠淹沒你的情緒。

因爲我先生工作的內容，我開始注意有關歐洲境內有關轉型正義的活動。其中，這個叫做「絆腳石」的紀念碑，深深撥動我的內心深處。好像心中某個硬梆梆的角落，在被觸動的時候，柔軟了下來。

聽到紀念碑，你我心中浮上的場景應該大同小異：大大的柱子、前面可能擺著花圈，或是位在偌大的廣場正中央。這個小到幾乎看不到的絆腳石，絕對打破你對紀念碑的刻板印象。

一九九二年，在德國的某條街道，有了第一塊絆腳石。它是一塊黃銅磚，面積只有十乘十公分。這塊小小的磚石上面，是爲了紀念在納粹時代的犧牲者而誕生，通常就在某棟看來極不顯眼的建築物或學校前的人行道上，刻寫著人名及Hier wohnte（「曾住在這裡」）或是Hier lehrte（「曾在這裡教書」），下面是用阿拉伯數字寫著哪一年出生、哪一年被逮捕或是被迫離開住處，有的絆腳石甚至能夠追溯到處決的日期，就會刻上第三個日期。三個日期並列著，你很快可以描繪出大致的輪廓來。有時候會看到好幾個絆腳石安靜的並列著，看著年代以及名字，很清楚的可以推算出這是一家人。

這些人們被送進了集中營，爲了徹底毀滅他們的尊嚴，納粹政府有計畫的剝奪這些囚犯的名字，讓他們成爲了一個又一個的「號碼」。這個小小的紀念碑，就是爲了把受難者的名字還給他們。那麼小的紀念碑，爲了閱讀磚石上細小的文字，你一定得停下來，並且彎腰低頭看著，而這就是一種對於受難者的象徵性鞠躬，看這名字和日期，你不由自主會在心中勾繪著這些人的故事。

通常一塊絆腳石上，會是這樣寫著：

某某曾住在這裡
於某年出生
於某年被逮捕驅逐

於某年於某集中營被斬首

絆腳石在做的，就是用不說教的方式，讓你看到發生過的歷史。這一塊黃磚石上，只有眞實的資訊，沒有任何解讀和詮釋，你可以自由思考你要如何看待這一切。我覺得這些絆腳石的心意眞的非常細膩，它不是強迫中獎式的一個大紀念碑，矗立在某個光鮮亮麗的廣場上面。它小小的，可能你天天經過都不曾看見，因爲它稍微比地面高了些，當你某日不小心踩到它的邊緣時，眞的會被絆一下，就是名副其實的絆腳石啊！

你停下腳步，彎下腰閱讀上面的文字，再看看眼前的房子，你再也不會覺得這不過是一棟普通的建築物。我們這些後代的人們，不知道這裡曾經發生過什麼，但是，房子都記得，也記得這些人，在被納粹拖走時，於家門口落下的最後一滴眼淚，只不過房子無法開口告訴我們。

透過這樣一個小小的黃磚石，這些事件，不再只是歷史課本上抽象的幾行字，看著這棟房子，你渾身上下都清楚的感覺到，這一切都是那麼眞實的發生過。

絆腳石，把你的名字帶回家

絆腳石的落成典禮，也成爲了受害人後代的尋根之旅。許多受害人在生前傾家蕩產，就是爲了把家人送出國避難，如今他們的後代都分散在全世界各地。絕大多數的絆腳石上面的名字，皆爲猶太人。從世界各地來參加落成典禮的民眾，也會將小石頭放置在絆腳石邊，這是猶太文化的一個習俗：在墓碑旁放上一塊小石頭，代表生者沒有遺忘亡者，心情仍與之同在。

除了猶太人以外，納粹政府也曾經用盡各種理由，系統性的嘗試消滅所有「不符合標準」的人們。比如說，在納粹政府的眼裡，「非異性戀者」就是一個必須被完全斬草除根的族群。就在離我家幾條街的距離外，前幾個月鋪了一塊新的絆腳石，紀念一位同性戀者。他出生於一九〇〇年，在二十六歲那年就因爲性向被逮捕，受到酷刑虐待。雖然後來被釋放，但同性戀性向被納粹政府視爲嚴重罪刑，他也因此在一九四三年再度被捕，直接被送入位於奧地利最令人聞風喪膽的集中營毛特豪森，並在一九四五年的四月二十五日死亡。我看著這個日期，心中翻攪著，因爲在他過世後十天，五月五日那天，毛特豪森集中營被盟軍解放了，但是對他來說，已經太遲了。七十二年過去了，在他的絆腳石落成典禮上，參觀的人們在這塊絆腳石旁，擺滿了彩虹旗。

「絆腳石計畫」漸漸延伸到歐洲各個國家，各大小城市開始給予鋪設許可。越來越多的慈善機構、文化團體紛紛響應這個計畫。也有受害者家屬以及後代，藉由捐款訂製絆腳石來紀念親人。這幾年也有政府機構，出了一系列的「有聲絆腳石」app，可以「聆聽」還有尋找離你最近的絆腳石。到了今天，在全歐洲已經有二十二個國家，在一千一百個地點，有超過六萬個絆腳石，它們靜悄悄的躺在各個城市鄉鎮的街頭巷尾，等著與我們不期而遇。

絆腳石計畫在這一、二十年來，從一開始許多人的不以爲然和批評（不少人覺得，建立被人用腳踐踏的紀念碑是冒瀆死者），到被接受和肯定。

近年來，也陸陸續續衍生了新的計畫，其中一項叫做「絆腳門檻」，大小是一百乘以十公分，用來紀念某個地點一整群的受難者。比如說，在德國北部就有一個這樣的絆腳門檻，紀念一千一百六十名精神病患，從這個門檻的位置被送走並在集中營被處決。在希臘的第二大城塞薩洛尼基也在一間房子前面設置了一個門檻，告訴後人，在二戰時，計畫處決這座城市的猶太血統市民的基地，就在這棟房子裡面。甚至遠於南美洲的阿根廷也響應了這個計畫，在當地的德國學校門口設置了一個絆腳門檻，紀念這所學校在二戰時期，成爲眾多被納粹迫害者的避難所。

我看過最叫人怵目驚心的絆腳石上，整齊的疊了三個數字：一九三八、一九四二和一九四四，加起來不超過十年。這個小男孩，出生於一九三八年，我腦中算著，他在一九四二年被帶走關入集中營時，不到七歲，第三個日期是兩年後，我不禁要想，這個小男孩是如何度過生命最後兩年的？

我想起「絆腳石計畫」發起人岡特．德尼奇先生，在一個訪問裡曾經說過：「如果集中營是終點，那麼，起點就是他們自己原來的家。我想要做的就是，至少把他們的名字帶回家。」

雖然你被帶走的時候，除了你的家人，沒有人知道你的存在。但是，七十多年後，有一個來自臺灣的女孩，站在你的家門口，看到你的名字被帶回家，爲你掉著眼淚。

1 2
3

1 我家附近一棟老房子前的家族絆腳石，是一家五口。最上面的是奶奶，中間是爸媽，下面是兩個孫子。

2 3 絆腳石鋪設典禮，在海外的遺族也千里迢迢前來參加，陪亡者回家。小石頭環繞著絆腳石，是一圈又一圈的守護心意。特別感謝奧地利「格拉茲紀念文化協會」（Verein für Gedenkkultur in Graz）提供鋪設典禮的相片。（攝影師：Alexander Danner）

5. 戰爭非遙不可及，就在你我身邊

突然，明娜用力抓住我的手腕，我被抓痛了，轉頭看她一眼，訝異的發現她滿面淚水。

這時，她起身跑出去，我大驚，不顧其他觀眾不滿的咕噥，也追了出去。我看到她跪蹲在走廊一角，不斷抽泣著。我從來沒看過她哭，也不知道怎麼辦，只能手足無措的拍拍她的肩膀，她抬起頭來，憂傷的看著我，說：「對其他人來說，這只是電影，但是我就遇過這樣的事情，我知道那是什麼感覺！」

南斯拉夫內戰近在咫尺

我帶著期待又不安的心情，在一九九二年的六月底來到了奧地利，一邊準備著音樂院的鋼琴入學考，也一邊利用暑假時間學德文，準備於九月上中學。當時的我，完全不知道，在兩個月前，位於奧地利南部的鄰國南斯拉夫[6]爆發了內戰，也不知道，這場內戰在未來的十年間，將徹底改變歐洲版圖。

當時有無數的難民在隸屬南斯拉夫的各個國家之間流竄著，不然就是逃出國界，而位於北方的奧地利首當其衝。

奧地利政府前後一共收留了超過三十萬名的難民，絕大多數的難民也在奧地利落地生根，奧地利人張開手臂安置這些難民，也是因爲奧地利與南斯拉夫有著歷史上的感情。奧地利曾經統治過巴爾幹半島好幾百年，許多屬民來到奧地利發展，他們的後代也留在奧地利，所以今天有許多奧地利人的姓氏都來自巴爾幹半島，像我的婆家就有克羅埃西亞的血統。

我就讀的奧地利中學非常鼓勵學生看各式叢書，老師也說，如果有想看的書，圖書館沒有，就可以請學校買。高中時，我在書店的櫥窗裡看到一本叫做《莎拉塔的圍城日記》（Zlata's Diary）的英文書，這是一個叫做Zlata Filipovi的女孩子寫的書，她的年紀跟我差不多，只比我小一歲，但已經歷過慘絕人寰的南斯拉夫內戰。這是她在十一歲到十三歲之間（一九九一年到一九九三年）寫下的日記，在她與家人逃亡到法國時，被當地的編輯整理出版，曾造成出版界小小的轟動，

6 南斯拉夫社會主義聯邦共和國位於南歐巴爾幹半島，於一九四五年建立，首都為位於塞爾維亞的貝爾格勒。南斯拉夫是一個由不同的民族國家、文化、宗教信仰、語言所組成的聯邦國，政治家彼此競爭極為激烈，也不斷發生民族衝突。一九九二那年，終究爆發了內戰，造成了一共有超過七百萬人民被迫離開家鄉，也被迫與不同民族的伴侶離異。在二十一世紀初，巴爾幹半島上一共產生了七個新興國家：斯洛維尼亞、克羅埃西亞、波斯尼亞與黑塞哥維納、塞爾維亞、蒙特內哥羅（也翻譯做黑山）、馬其頓、柯索沃。

進而被翻譯成英文版。

我跟學校建議了這本書，結果學校圖書館員的二話不說就買了。我借回家看，絲拉塔直接的筆觸，看似天真，讀了卻令我不寒而慄：

「時間停住不動了。戰爭的時候，除了鄰居以外，你沒辦法跟其他人保持連繫，不知道大家怎麼了。我的生活範圍只剩下周圍的鄰居。一切都在這個圈圈裡面，我也只看得到這些了。其他的所有事物都好遙遠。」

比電影還要血腥、還要殘酷

在學校，我認識了幾位從南斯拉夫逃出來的難民同學。其中一位叫做明娜，高中時轉來我們班，也是跟我走得最近的同學之一。她剛開始一句德文都不會，就跟當初的我一樣，所以我陪她念德文，後來她德文呱呱叫的時候，變成她陪我念理化。她在學校非常認真，成績也很好，她最大的願望就是長大要做犯罪學家，因爲她的理科很強，老師們建議她走自然科，後來還眞的成爲了一名優秀的分子生物學家，目前在大學做研究。

明娜的家鄉叫做波士尼亞與赫塞哥維納，她是信仰伊斯蘭教的虔誠穆斯林。我們學校雖然是天主教學校，但是也非常尊重學生的其他宗教信仰，所以她在學校也可以進行伊斯蘭教的朝拜。明娜是第一個拿可蘭經給我看的人，也曾用阿拉伯文唸祈禱文給我聽，她說她其實不會阿拉伯文，但大人教就照著唸，久而久之就背起來了，我覺得跟我在寺宇聽到的大悲咒有異曲同工之妙！雖然完全聽不懂大悲咒，但是只要聽到，心情就會穩定下來。

她對於戰爭的一切絕口不提，我也從來不問。直到有一天，我們一起去看電影《鐵達尼號》。

那時的女孩子們都很著迷飾演男主角的李奧納多，我們興奮的踏進爆滿的電影院。跟著劇情，心情上上下下，到了船艙淹水那一幕，船上一團混亂，爲了活命，旅客們不擇手段，在三等艙的旅客逃不出去，只能等死。

突然，明娜用力抓住我的手腕，我被抓痛了，轉頭看她一眼，訝異的發現她滿面淚水。

這時，她起身跑出去，我大驚，不顧其他觀眾不滿的咕噥，也追了出去。我看到她跪蹲在走廊一角，不斷抽泣著。我從來沒看過她哭，也不知道怎麼辦，只能手足無措的拍拍她的肩膀，她抬起頭來，憂傷的看著我，說：「對其他人來說，這只是電影，但是我就遇過這樣的事情，我知道那是什麼感覺！」

她斷斷續續的告訴我，戰爭爆發的時候，許多朋友、同事、姻親只因是不同民族，突然變成敵人。她的父母散盡家產買通黑市，爸爸先到奧地利打點，確定安全後，再讓媽媽帶著她與弟弟，與其他難民們隨著人蛇集團逃亡，中途他們被敵派的軍人逮到，全部被趕到森林裡，軍人們準備把所有的年輕男子拖走，也打算把女孩子們抓走（通常都是作軍妓或是高價賣給色情行業）。十四歲的明娜營養不良，高瘦憔悴，顯然不合軍人們的胃口，所以被放過了。

小她一歲的弟弟長得又高又直，軍人們正想把他拖出去，明娜的媽媽跟明娜拉住弟弟的手，懇求軍人們放過他一馬，「他才十三歲啊！」媽媽厲聲尖叫，不顧一切的跪了下來，放聲大哭、苦苦哀求，明娜也馬上跟著跪下來，頭靠著地面。軍人們或許是動搖了，這才鬆開了弟弟的手。

「他們還是拖走了好多人，我不知道最後到底有多少人被拖出去，因爲同行的大人們把我們小孩子圍在中間，不讓我們看。」她顫抖的說：「我聽到槍聲，一直沒有斷。我們蹲在地上，血就在我的周圍流著，像河流一樣。我低頭，還看到血從我的鞋子間流過，我不敢哭，也不敢動，怕發出聲音或一動就會被拖出去。」

她的眼淚止住了，抬起頭定定的看著我：「妳知道槍聲有多可怕嗎？血液都會凍結。只要聽過一次，一輩子就都不會忘記。」

我們坐在電影廳外面，我握著她的手，靜靜的坐在她身邊。一直到電影結束，我們都沒有再走進去。

一直到今天，我都不知道被稱爲經典電影的《鐵達尼號》的結局。雖然常常可以在電視上看到這部片子的重播，但是只要看到開始淹水那一幕，我就會想起明娜那天跪蹲在電影院走廊的哭泣，就再也無法看下去了……

6. 戰爭過後，要如何重建一個人的心？

我的親外公因病英年早逝，我從來沒有見過他。我的外婆一人撫養七個孩子長大，並嫁給我的繼外公，我一直到十幾歲，才知道原來我跟他沒有血緣關係。從長輩的隻字片語中，我也稍微拼湊出繼外公的身世：他是來自廣西的娃娃兵，不識幾個大字，跟著國民政府來到臺灣。這一走，天人永隔。

從牙醫變成難民

近年來，中東、西亞戰亂不停，奧地利也來了許多難民。其中，大家最常聽到的，就是內戰好幾年的敘利亞了。

對於不了解中東的人來說，敘利亞內戰不過只是國際新聞中的一個段落，是抽象遙遠的，我們只是看著讀著，知道又有多少難民逃亡到歐洲，這些人似乎就只是統計數字中的一部分。

我認識了來自敘利亞的穆哈默德，他讓我了解，敘利亞一點都不抽象，一點也不遙遠。難民也不是數據，而是活生生的人。

然而，敘利亞人自己又怎麼看待這場戰爭呢？

穆哈默德的年紀約三十出頭。五官柔和英俊，鬍子刮得乾乾淨淨，清瘦的身子架著燙勻的天藍色襯衫和微微褪色的牛仔褲，黑褐色的頭髮削得既短又整齊。臉上微微的笑容，帶著大學畢業生的靦腆，張開雙手就是擁抱遼闊的未來。他是一個敘利亞富裕家庭的長男，職業曾經是人人稱羨的牙醫。

他曾經召開雙手擁抱的遼闊未來，如今已經成了過去。

他現在的身分是難民。

他的部分家人還住在敘利亞的首都大馬士革，提到他們的時候，原本克制的聲音變得柔和了起來：「我們一共是七個兄弟姊妹，而老么是我們唯一的女孩。」他驕傲的說：「她今年可是甜美的十三歲。」

穆哈默德是在敘利亞念完醫科後，開了牙醫診所。他的家族是地方上的望族，五個弟弟裡面，有兩個在好幾年前就已經出國到奧地利，在這裡念醫科。穆哈默德能逃出來是收買了人蛇集團，在黑市中換取情報，花了好幾個月的時間，跨越歐陸，才抵達奧地利，投靠在這裡念書的兩個弟弟。

如果這是一部電影的話，導演在這時會切入回憶片段，場景或許會用暗沉的顏色，背景音樂可能會是揪心的小提琴獨奏，但這不是電影，而是眞實的人生。

這是穆哈默德的人生。

鏡頭貼近一位少年得志的牙醫。他身後是一棟新潮的別墅，旁邊停了兩輛心愛的進口車，還有一間嶄新的診所。場景切換。戰機、炸彈、被摧毀的別墅。進口車被機關槍掃射得坑坑洞洞，診所被炸毀，到處都是尖叫逃亡的人們。在一切慌亂中，這個醫生站在破碎的建築物中間，選擇留下來。

「爲什麼你當初不走？」我看完穆哈默德的手機上這些像是電影場景的照片，抬頭望入他悲傷的眼睛。「我是醫生，醫生的職責就是幫助人們。」他淡淡的說著，理所當然的。

穆哈默德天眞的想著，戰爭總是會結束的。然而，一年過去了，兩年過去了，三年過去了，戰爭完全沒有要停下的氣息，而許多不同國家勢力也進來角力了，戰爭竟然越演越烈。

政府軍、反叛軍又分裂成不同派系，戰爭中沒有永遠的朋友，也沒有永遠的敵人。有時候A聯合B打C，C又聯合B打A，A聯合C打B，ABC可能又聯合打D，什麼組合都有可能。最後誰也搞不清到底是爲了什麼、爲了誰而戰。

這個叫做德拉的敘利亞小城，在幾年之間，人民逃的逃，死的死。人口少了將近四分之三，只剩下一萬人左右。而這一萬人中，只有三名醫生（其中一名就是穆哈默德）、五個護士和一間藥局。爲了取得藥物還有物資，他們學會了跟圍城的士兵打交道。

「他們每天給我們三十分鐘的時間可以進出，這就是名副其實的打通道路。」他就事論事的道，輕描淡寫的帶過大家如何用家裡值錢的東西收買士兵去換藥。他雖然只是牙醫，但到了後來十八般武藝都被迫學會，也爲病人動外科手術。

穆哈默德與眾多軍官打過交道，也因此得知了許多不該知道的機密。場景切換。逮捕。場景切換。一連串的拷問。「我不知道我在那裡待了多久。」他緊抿著嘴唇道：「二十五天？三十天？還是更久？

我最後覺得時間停止了，我的理智也離我而去了。」奄奄一息被放出來後，大家都很清楚，他如果繼續留在敘利亞，總有一天會被處死。家人想辦法籌錢，讓穆哈默德逃離敘利亞，來到歐洲。我看著他眼角下的陰影，手臂上因刑求留下的傷疤是那麼的怵目驚心，靜默了。

結束才是眞正的開始

「你相信戰爭會結束嗎？」我問。「相信，也不相信。」他露出沉思的表情，「結束才是眞正的開始。我們才可以開始重建家園，而這個工作至少需要二十年的時間。」「但是最大的挑戰在這裡面。」他指著自己的心臟。

「很多孩子已經停學好幾年了。有更多的孩子根本就從來沒有踏入過學校。」他的聲音支離破碎，「因爲我們已經沒有學校了。」

「這些孩子是一個已被世界所拋棄的世代，沒有父母，沒有家人，他們從小到大看到的，都是赤裸裸的暴力。」穆哈默德在街上看過無數流浪的孩子以及孤兒，他們唯一的模範就是武力，也單純的相信，爭執解決之道就是直接拿槍向對方的頭射進去。大人不就是這麼做的嗎？穆哈默德也曾親眼看過八歲的孩子跟十歲的哥哥因芝麻小事爭吵，弟弟隨手抄起街上找到的槍，親手射死了哥哥。

「你可以重建道路、重建橋梁、重建房子。但是，你要怎麼重建一顆心？你要怎麼重建一個人？」他壓抑情感的耳語著，小聲到幾乎聽不到，但每一個字卻又重又深的敲在我心上，轟轟作響。

於是我現在看到敘利亞的新聞時，報導內容中抽象的統計數字有了聲音和面孔：那是穆哈默德的聲音和面孔。難民跟你我一樣，都是活在這個世界上的人，唯一不同的是，他們被迫放棄一切，包括自己的家鄉。

我想起了沒有血緣關係、已過世的繼外公的聲音和面孔。我的親外公因病英年早逝，我從來沒有見過他。我的外婆一人撫養七個孩子長大，並嫁給我的繼外公，我一直到十幾歲，才知道原來我跟他沒有血緣關係。從長輩的隻字片語中，我也稍微拼湊出繼外公的身世：他是來自廣西的娃娃兵，不識幾個大字，跟著國民政府來到臺灣。這一走，天人永隔。

繼外公總是用著鄉音濃厚的語調喚我「楊小恬」，我覺得他說臺語的腔調很古怪，聽不太懂，加上他常常露出很落寞的表情，看起來「土土的」，讓我覺得很俗氣，也覺得有點丟臉。

雖然我都會乖乖叫「阿公」，但是我不喜歡跟他說話，我總是盡量避開他，也絕對不會主動跟他說話。我跟繼外公的關係，只有五個字可以形容：生疏而遙遠。

後來我出國了，每次返鄉也對他不聞不問。我對他的人生、家鄉、故事，完全沒有興趣，我甚至連他什麼時候過世的都不知道。一直到認識了穆哈默德，我才又想起繼外公。

阿公，沒想到，花了這麼久的時間，我才發現，其實我們是有共同點的。我們都是年紀輕輕就離家的遊子。想想你也曾經努力嘗試要融入臺灣的生活，畢竟你也學會了臺語。小時候的我，不懂你落寞的表情，現在我懂了。對不起。

你是在想家。你一輩子一定都很想家吧！

現在，也好想問問在天上的你：

「阿公，你的心，後來有重建起來嗎？」

7. 不論移民或本地人，我們都是社會的一分子

我也在不少孩子身上看到年少時的我，他們的眼神告訴我，不知道自己到底歸屬於哪裡。

我懂。在我成長的過程，因為自己的與眾不同，總是覺得很孤獨，也很徬徨，但只能自己咬著牙撐過來。如果能夠藉由這樣的機會，給幾個卡在不同文化之間的孩子一點點的力量，就值得了。

歐洲的移民和外勞，這數十年來爆增，也帶來了不同程度的潛在問題。奧地利身爲一個擁有許多族群的國家，多半抱著「移民或外勞的生活是他們個人的問題，不需政府插手」的心理，進而忽略了許多外來移民人生地不熟，迫切需要協助的需求。

許多無法融入奧地利社會的移民，組成了自己的生活圈，食衣住行都不跟當地人來往，也只和自己的同鄉社交，久而久之，就產生了平行世界。我也見過臺灣來的留學生，在這裡住上多年，生活就是上課和上網看日劇、韓劇。除了幾位大學同學外，沒有其他的奧地利朋友，對於奧地利的日常文化完全不了解，也打不進去當地人的圈子。

多數的奧地利人個性保守又慢熟，遇到縮在自己圈圈裡的外國人，他們不太懂得主動伸出手來，也不知道如何跟外國人相處。缺乏同理心，也不想了解外國文化的奧地利人甚至會覺得：「爲什麼這些人在我們的國家，穿著跟我們完全不同的衣服，不與我們打交道？也都不融入我們的生活？」不少奧地利人也以惡劣的態度對待外國人，也片面的認爲外國人不過只是想要剝奪本國人的社會福利。外國人感受到了奧地利人散發出來的不友善，就更不想跟奧地利人打交道，大家對彼此了解的機會，也越來越少。

這種看起來只是細微的人與人之間的嫌隙越來越頻繁時，就容易產生社會上的裂痕。有些移民的後代被夾在不同文化和宗教中，無所適從，也有可能成爲不定時的隱形炸彈，造成大眾心理上的不安，許多排外的政黨也利用這一點，以聳動的言論來加深族群之間的隔閡，並且刻意的撕裂族群。

奧地利政府在這一、二十年來，終於開始正視這些挑戰，奧地利「文化融合基金會」（相當於其他國家的移民局，是在憲法裡面被制定的獨立機構）也得到越來越多的經費，得以進行不同的企畫，確切的幫助新移民融入奧地利社會。

讓移民背景人士加入政府計畫

在二〇一一年，奧地利的內政部派任了一位新的國務卿，他叫做賽巴斯丁・庫爾茨（Sebastian Kurz），成為奧地利第一位專門處理外來移民融入當地社會的政務官。

這位政務官上任時才二十四歲，輿論一面倒，忿忿不平的批評：「這麼嚴肅的議題，怎麼可以交給一個大學都沒有念完就從政，而且也沒有任何社會經驗的毛頭小子！」我還記得，報章雜誌都以聳動的標題說：奧地利的移民政策完蛋了！

面對這樣的批判，庫爾茨似乎也不以為意。他在很快的時間內組織了一個強大的團隊，其中有個企畫叫做「一起。奧地利」，尋找在奧地利落地生根的外國人士，讓大眾看到新移民如何融入奧國，成為支撐社會的一員。很榮幸的，我在早期便被企畫團隊召喚，成為了「文化融合親善大使」（Integrationsbotschafter）。庫爾茨也大刀闊斧的與奧地利國會設立的「文化融合基金會」共同落實各種移民議題企畫。庫爾茨積極協助境內多元族群間的對話與融合，也率先修法，讓符合條件的移民們能夠更快取得公民權，他的作風冷靜，也成功的將原本充滿情緒化的移民議題，帶到一個就事論事的境界，也漸漸取得觀望者們的認同。

一個政治家是不是用心，看他的團隊工作態度就可得知。這是一群燃燒熱血爲國家做事的人們，而且絕大多數都有移民背景，也有許多混血兒，有些甚至根本就不是奧地利人，像前任文化融合親善大使的組長，就是德國人，而且還是德國印度的混血兒呢！而現任組長的父母，則是從波蘭來到奧地利的移民，也是個貨眞價實的新奧地利之女，政府機關裡面的成員有移民或外勞背景，眞是讓我大開眼界！但是想想，對啊，既然是要幫助移民，當然就要讓有這樣背景的人來做事啊！

因爲，有誰還會比移民更了解移民的需求？

身爲文化融合親善大使，我們到各大小學校與學生互動，也在不同的國際研討會上演講，提供我們在奧地利成長中，所面臨的各種經驗。在國際研討會上，會有許多滿腦子理論的學者，實際上並沒有眞正接觸過移民或是外勞。我們的出現，用句奧地利人很愛用的俚語，就是把他們「從空中拉回地面上」。

我們會到學校去，對著幾個班級演講，遇到比較害羞的學生，企畫團隊也會擔任起主持人，負責炒熱氣氛。我們會各自簡短介紹自己的人生，說些因爲外國人身分而發生的有趣小故事，接著開放學生發問或是進行小組討論。

讓我開心的是，透過這樣的機會，也能讓更多人認識臺灣。在自我介紹的時候，我都會讓學生就我的外表，猜測我是從哪裡來。最多人猜的就是日本（我想是因爲這幾年日本流行文化襲捲歐洲，讓許多年輕人爲之瘋狂）、泰國（因爲很多奧地利人喜歡到這裡度假）、菲律賓（奧地利最有名的足球員的媽媽是菲律賓人）。到目前爲止，從來沒有人猜到臺灣，很多歐洲年輕人對臺灣其實都不熟悉，但當我跟他們敘述一些著名的臺灣品牌，如華碩、宏碁等，他們就會睜大眼睛說：「原來這都是臺灣品牌喔！」

十幾歲的孩子，想知道的事情很多，也對未來彷徨。我很喜歡跟孩子討論一些對外國人的刻板印象，常常會有許多讓我意想不到的回應。比如說，學生們常常認爲東方人都是用筷子吃飯，我坦承說：「我小時候，媽媽說用湯匙吃飯比用筷子方便，所以我不太會用筷子。」他們不敢置信的望著我。有個女孩子直接了當的跟我說：「妳這樣不行喔，現在是國際化的時代，到處都有壽司店，不會用筷子很丟臉欸！」

我也在不少孩子身上看到年少時的我，他們的眼神告訴我，不知道自己到底歸屬於哪裡。

我懂。在我成長的過程，因爲自己的與眾不同，總是覺得很孤獨，也很徬徨，但只能自己咬著牙撐過來。如果能夠藉由這樣的機會，給幾個卡在不同文化之間的孩子一點點的力量，就值得了。

但是，也有讓我答不出來的問題。

我永遠不會忘記，一個十來歲的奧地利女孩在演講後來找我，噙著淚水跟我說，她最好的朋友是戴頭巾的穆斯林回教徒，她們一起出門時，因為穆斯林女孩外表異於他人，在街上會被成人攔下，要穆斯林滾回土耳其，還說：「好奧地利女孩不跟外國人鬼混！」每次她跟好友都被嚇得不敢動。「我不知該怎麼辦，而且我朋友根本不是土耳其人，她是奧地利人，只不過爸爸媽媽是來自埃及！」

我老實的告訴她，我不知道她可以怎麼辦。「這個世界上，永遠會有人接受你，也會有人不接受你。在我生長的國家，來自東南亞的人或是皮膚較深的外國人，也常常被當作次等人對待。妳能做的，就是不要讓自己變成那樣的人。」我正經的告訴她：「我小時候也發生過這樣的事情，但是我的朋友就是站在我的旁邊，握住我的手支持我。這就是妳該做的事情，讓妳的朋友知道，不管那些無知的人怎麼說，妳都站在她身邊支持她！」她眨眨眼，眼淚落了下來，我遲疑的伸出手，讓她的小手緊緊抓住我。

有一次某位社會局長來湊熱鬧，他熱切的發言，說著唯有族群彼此融合促進社會安詳、國力增進，奧地利才會進步云云。社會局長「落落長」的說完後，安靜的坐在旁邊的校長突然站起來，拿起麥克風就對社會局長說：

「麻煩您將我們的訴求帶回政府，我們已經向政府抗議過了，但沒有收到任何回音。我們學校有一個來自阿富汗的難民學生，非常認眞好學，在學校也有很多好朋友。但是他的父母申請難民身分沒有成功，這幾天就必須被遣送回去阿富汗了。我們不是說要鼓勵移民融入社會嗎？這個學生就是最好的榜樣。但是奧地利政府還是要把他趕出我們的國家，我們全校都支持他回來學校！」所有學生熱烈鼓掌，大聲叫好，而社會局長臉一陣青一陣白，支支吾吾的說不出話來。

族群融合，從你願意伸出雙手接納開始

親善大使們都是在異鄉奮鬥，所以也有種惺惺相惜的默契。我們各自敘說著自己的經歷，哈哈大笑，笑中夾雜只有我們才懂的淚水。

這幾年，我也交了許多新朋友，有大公司的希臘創辦人、有來自非洲的人權律師、有開國標舞學校的土耳其帥哥等等。在與奧地利外交部去歐盟參觀時，代表團裡面有一個女生，酷似奧地利新聞臺裡面的「氣象仙女」[7]，我跟她說：「妳長得好像維也納新聞臺的氣象仙女喔！」她的回答也很可愛：「她就是我啊！」經過她的解釋我才知道，原來奧地利國家電視臺裡面，有大量的工作人員都有移民背景，而她的父母是來自土耳其的外勞。

---

[7]「Wetterfee，女性天氣預報播報員的暱稱，而男性則被稱為「氣象蛙」（Wetterfrosch）。

而且，親善大使中也有許多家庭主婦或是大學生。不是開大公司賺很多錢才叫做社會成功人士，身爲家庭主婦，融合自己故鄉還有奧地利的觀念，努力教導自己的孩子，你就是一個社會成功人士；來自一個低學歷的家庭，努力向上念到大學，追求自己的夢想，你就是個社會成功人士。將這樣的觀念帶給大眾，我覺得是非常可貴的。

親善大使企畫裡面也有難民，他們也與政府決策人員會面，提供不同角度的看法和意見。有位二十出頭的親善大使，是個來自阿富汗的難民。他十幾歲逃到奧地利的時候，是個文盲。他告訴我們，其實很多人都是因爲戰亂，從來沒有好好的受過教育，也很容易相信人蛇集團的天花亂墜，天眞的認爲只要來到歐洲，什麼都沒有問題。後來他逃到了奧地利，才知道，什麼都要重來。

他咬著牙從ABC開始念，讀夜校、做學徒，後來眞的通過一次又一次的考試，也順利的在修車廠裡面找到工作。他也不好意思的說，以前在阿富汗時，晚上電視播放的都是歐洲的重口味色情片，他剛到歐洲時，還無知的以爲，歐洲女孩就是像電視演的那樣放蕩。我也嘆口氣告訴他，很多歐洲男人也很無知，以爲亞洲女生都是穿著水手制服的學生妹！

從一開始的幾十個親善大使，到現在全國有超過數百名的親善大使，大家的故事也一一被記錄下來，製作成書籍以及雜誌和展覽。這幾年更產生許多周邊企畫，比如幫助移民創業、獎學金及遊學企畫、訓練足球隊對於移民議題的敏銳度[8]等等。本來追著國務卿庫爾茨打的媒體，漸漸都口徑一致的表示肯定。

庫爾茨也花很多時間，跟著親善大使們一起去演講。這位年輕的

8 運動，常被視為是能夠讓外國人融入社會的實際方式。仔細看歐洲各國的足球國家代表隊，絕大多數都有移民背景。親善大使企畫就招募到了約五十位有移民背景的足球員，讓他們把自己的經驗傳承下去。比如說奧地利最出名的足球明星David Alaba（目前效力於德國的FC Bayern München）就是文化融合親善大使廣告的代言人，他的背景十分多元：父親來自非洲奈及利亞，母親來自亞洲菲律賓，自己則在奧地利維也納土生土長。

政治家群眾魅力驚人，也會用淺顯的方式，跟學生們聊著艱深的移民議題。兩年後庫爾茨被任命爲外交部長，也一併把我們這一群親善大使帶過去，外交部的全名就是「歐洲，族群文化融合，外交部」。

這些年來，在奧地利的移民議題上，我也看到越來越多貼心的企畫。比如說，邀請民眾擔任新住民的德文家教志工，移民家庭跟奧地利家庭相互到對方的家庭做客，不同宗教信仰的人們一起舉行慶典。我認識的一位老師在退休後，就擔任帶難民小朋友去看電影和聽音樂會的義工。

現代人機動性越來越強，每個地方都有越來越多的外地人，也有越來越多不同國家背景的人成爲伴侶。我們可能來自不同的國家、擁有不同的背景，也有著完全不同的夢想和願望，但是不論我們今天住在哪裡，擁有一個讓人可以眞正放心的生活環境，都是每個人相同的渴望。

這幾年接觸這些議題，給我最大的感受就是，唯有伸出手，也願意去握住別人伸出的手，各個族群才有可能靠近對方，我們的居住環境才能越來越好。

8. 人口只有八百萬，如何在國際間站穩？

誰說小國就沒有自己的位置？奧地利建立起來的長遠外交影響力，除了讓首都維也納成為一個國際化的城市，也在國際社會中建立了自己的地位，許多艱難的國際談判都得借助奧國政界的龐大人脈，無法忽視這個小國家。

奧地利從一個強大的帝國，變成了一個人口只有八百萬的小國，仰大國鼻息似乎合乎常理，而今天的奧地利，到底如何在國際間站穩腳步？

奧地利在國際上的位置，最值得一談的地方，就是她的外交影響力。在二戰後，奧地利選擇了永久中立的體制：不參加任何軍事聯盟，其領土上也永遠不准任何外國軍隊設立軍事基地，這讓她在國際上有了一個獨特的地位。

看看冷戰時期的地圖，奧地利的政治地理位置更是十分微妙，她被夾在民主西歐與共產東歐之間，被視爲自由世界的第一站，也是各國情報分子、人口販賣分子活躍之處，加上歷史悠久的奧地利帝國歷史加持，雖然王室已經不在政治核心，但是這數百年間所搭起的綿密的人際網路，完全不能小看，直系和偏支的許多後代，依然在檯面上下發展其勢力。

身爲中立國，奧地利自視爲東歐與西歐之間的橋樑，也以一個做大國家之間的調和小國自居，低調的在檯面下拉動著國家與國家之間的細線，也成功的讓許多國家的政治人物，彼此好好坐下來談話。比如說，緊張的冷戰時期，奧地利就在一九六一年成功的讓美國總統甘迺迪和蘇聯領導人赫魯雪夫來到維也納，進行隱密的深刻會談。

重要的國際組織也看中奧地利的獨特政治地理位置，皆選擇設立在奧地利（國際能源組織、聯合國以及旗下許多機構、歐洲安全暨合作組織、石油輸出國家組織、國際出版局等）。走在維也納的街頭，你不時會看到來奧地利開會的各國人士，不同膚色不同服飾，扛著公事包，成為這個城市的特色之一。維也納也有數不清的各國駐外人員，多所國際學校也應運產生，學生多半是這些外派人員的孩子。

誰說小國沒有地位？奧地利的外交魔力

有著這樣的背景，奧地利栽培出許多外交人才，也以開放性的外交政策及圓滑的外交手腕著名，外交部長也是內閣中的熱門職位。

近年來，最引起國際媒體矚目的奧地利外交人物，首推於二〇一七年底上任的現任總理、前任外交部長賽巴斯丁・庫爾茨。

他從中學就投入政治，曾任奧地利人民黨青年黨團的領袖，因爲作風高調，怪點子又多（他曾在選戰時期，開著一輛漆成全黑的箱型車，到處發保險套），爭議不斷。二〇一一年擔任處理移民議題的內政部國務卿，二〇一三年底，他被任命爲外交部長時還未滿二十七歲，爲當時全世界最年輕的外交部長。當然也有人質疑，這個沒什麼社會經驗的政治家（美國國務卿凱瑞就整整大他四十三歲），要如何駕馭錯綜複雜的外交題目？

庫爾茨接下外交部長後，積極的爲這個八百萬人口的小國家，在國際舞臺上開拓路線。他的目標很明確，除了承繼奧地利的外交傳統，走親歐路線，還要壯大奧地利的外交勢力。庫爾茨不斷的在各個國家之間周旋，他的團隊也多次成功的說服彼此仇恨的國家或政權來到維也納，一起坐下來討論解決之道。

庫爾茨在聯合國上百位外交部長面前的第一場演說，就大方承認自己是外交上的新手：「我應該是在場唯一沒超過三十歲的。冷戰鐵幕落下時，我才三歲。我無法提供人生社會經驗，但是我能提供的是年輕世代的見解。」

看完這場演講時，一位外交部的朋友，眼眶泛淚的告訴我：「這輩子第一次覺得，身爲奧地利人好驕傲！」我能了解她的心情，國小人口少，奧地利人或多或少是有點自卑成分在的。當一名這麼積極的外交部長出現，在國際上爲自己的國家打拚，利用各種機會，持續的讓奧地利「被看到」，受到國際媒體矚目，眞的讓人感到無比振奮！

庫爾茨在擔任外交部長的這幾年，面對全歐難民政策的態度十分強硬，博得國際媒體眾多版面，在國內外也造成正反兩極的議論。他以三十歲的年紀成爲保守派「人民黨」的黨主席，率領其黨投入二〇一七年的奧地利國會大選，打出年輕有爲的形象牌，也以不少偏激的言論吸引了游離選民的注目，最後大獲全勝，並於年底成爲奧地利總理，而無黨籍的自由記者卡琳．克耐瑟兒（Karin Kneissl）則接任外交部長的職位。

克耐瑟兒是歐洲最著名的中東情勢與全球能源政治專家之一，她寫的中東情勢分析，冷靜犀利、不卑不亢，也充滿對世界的關懷。我在多年前開始爲德文網路媒體撰稿，曾爲一個奧地利的女權文化活動專訪克耐瑟兒。訪問記者總是叫我感到頭皮發麻，深恐自己寫出的文章會被批評得面目全非。不料，她當時讀完我寫的報導，還特別寫信給我，內容是非常眞誠的鼓舞。

克耐瑟兒約五十歲，年輕時也曾經擔任奧地利駐外的外交官，二十多年前，她毅然決然放棄光鮮亮麗的外交官身分，成爲一名自由記者和作家，開始在中東與歐洲等多所大學兼職任教，完全靠稿費、演講、不定時的授課薪資維生。在多次近距離接觸後，深深被她的才識與見廣折服。我第一次上奧地利全國訪談節目前非常緊張，跑去跟克耐瑟兒求救，她還非常有耐心的教我如何應對媒體，也毫不吝嗇的把自己的小撇步傳授給我。

在歐洲這幾年的難民潮中，她也成爲敘利亞難民的寄養家庭。因爲擁有多年往返中東的經驗，克耐瑟兒對於難民潮有許多獨特的看法，也對歐洲難民政策提出強烈的質疑和批判，克耐瑟兒不僅對國際局勢有深刻的了解，也能夠流利的說七國語言，其中包含阿拉伯文與希伯來文。

難道她不怕自己被政界吞噬？爲什麼決定再度跳回戰場？我問她。她毫不猶豫的回答我：「因爲我想爲自己的國家盡力。」看到我的第二個家鄉能由她代表站在國際間，眞的覺得很驕傲！克耐瑟兒以奧地利外交部長的身分，在歐盟接受埃及國家電視臺採訪時，全程用阿拉伯文回答，讓資深的埃及駐歐盟記者嚇一大跳——因爲從來沒有任何一個歐洲的一線政府官員，能夠用流暢的阿拉伯文回答問題！

誰說小國就沒有自己的位置？奧地利建立起來的長遠外交影響力，除了讓首都維也納成爲一個國際化的城市，也在國際社會中建立了自己的地位，許多艱難的國際談判都得借助奧國政界的龐大人脈，讓人無法忽視這個小國家。

這個只有臺灣三分之一人口的奧地利，就讓我們看到，就算是小國，只要你懂得運用自己的長處，也就能夠在國際間站穩！

歐盟外交官：臺灣，很努力

二〇一六年，歐盟委員會頒發「歐洲文化融合親善大使」的頭銜給我，我也跟著奧地利政府代表團，到比利時首都布魯塞爾的歐盟區觀摩，接觸了許多眞正抱著爲歐洲和平打拚的人，在不斷的對話中，也對歐盟這個抽象的組織有了更多了解。

簡單來說，布魯塞爾可說是歐盟大本營，許多重要的設施都在這裡，大約有四萬多名來自全歐洲的人士在此爲歐盟工作。在這裡，切身感受到國際政治如何在檯面上和檯面下相互角力著，也能感覺到國家與國家之間如何應對進退，如何爲自己的國家爭取更多的權益以及舞臺。看到七十多年前還互相打得你死我活的歐洲國家，現在可以坐在同一張桌邊，或許不見得互相喜歡，也會互相在對方背後吐口水扮鬼臉，但還是努力手牽手往下走，眞的很叫人感動。我們過去的那幾天，正好是英國公投是否脫離歐盟、以色列和巴勒斯坦的總統破天荒首度同時訪問歐盟，也剛好是歐洲盃足球賽比到如火如荼之際（對歐洲人來說，足球跟政治一樣重要啊！）

整座城完全進入特殊狀態，歐盟區安全措施明顯嚴格，每個街角都是武裝警衛和便衣警察，天空隨時都看得到武裝直升機盤旋著，頗有動作電影的既視感。

新聞媒體喜歡炒作比利時恐怖攻擊的威脅，但是眞的到了這裡，就發覺當地人的勇敢和好好過生活的決心。晚上比利時對瑞典隊，我被在歐盟工作的奧地利朋友拖去擠到水洩不通的酒吧看直播，比利時贏了。街上所有臉上畫著國旗的比利時人興奮的擁抱、汽車不停鳴喇叭，連公車司機都興奮不已的按喇叭回應。

在歐盟議會聆聽到以色列總統魯文．李佛林用希伯來文發表演講，你在電視或新聞上看到的、好像離你遙遠的中東情勢，突然再眞實不過。因爲聽不懂希伯來文，我戴上耳機，聽著德文版本的同步翻譯，對口譯員用字遣詞精準之程度佩服得五體投地，耳機有二十四個頻道可以選擇（歐盟目前有二十八個會員國，一共有二十四個官方語言，所有會議皆同步翻譯爲二十四個語言，所有文件也是二十四個語言。）

在歐盟委員會的外交官們互動時，因爲我是奧地利代表團中唯一的亞洲面孔，引起了不少注意。一位歐盟外交官聽到我來自臺灣，露出了大大的笑容，在奧地利代表團前，極眞誠的對我說：「我們這裡也有一個臺灣來的代表處呢！這些人員眞的非常認眞，也積極了解和參與歐盟的各式議題。臺灣，很努力！」

「臺灣，很努力。」這幾個字，讓我眼眶都紅了，趕緊眨眨眼，不讓眼淚湧上。

自己的家鄉在國際上的表現跟個人的尊嚴感，眞的有很微妙的關連呢！我的兩個家鄉，雖然有那麼多的不同，但在歷史上，卻也有那麼多相似的愛恨情仇。不論是小小的奧地利或是小小的臺灣，在大大的現代世界裡，一步一步往前走，一步一步與國際靠近，在面對挑戰的時候，那個昂首的姿態，值得驕傲！

Eurasian Publishing Group
圓神出版事業機構
用心與你對話・視野無限寬廣
圓神出版社
Eurasian Press
www.booklife.com.tw
reader@mail.eurasian.com.tw
圓神文叢 229

小國也可以偉大：我在奧地利生活學習的第一手觀察

作　　者／楊佳恬
發 行 人／簡志忠
出 版 者／圓神出版社有限公司
地　　址／台北市南京東路四段50號6樓之1
電　　話／（02）2579-6600・2579-8800・2570-3939
傳　　真／（02）2579-0338・2577-3220・2570-3636
總 編 輯／陳秋月
主　　編／吳靜怡
專案企畫／賴真真
責任編輯／吳靜怡
校　　對／吳靜怡・歐玟秀
美術編輯／李家宜
行銷企畫／張鳳儀
印務統籌／劉鳳剛・高榮祥
監　　印／高榮祥
排　　版／莊寶鈴
經 銷 商／叩應股份有限公司
郵撥帳號／ 18707239
法律顧問／圓神出版事業機構法律顧問　蕭雄淋律師
印　　刷／國碩印前科技股份有限公司
2018年4月　初版

定價 300 元　　ISBN 978-986-133-649-7

十來歲的孩子，在課堂上，便已不著痕跡的被啓發了對國內和世界各地環境的想望，也奠下了關注國內時事、好奇世界發展的基礎。學校課程非常注重學子的思辨能力，聽起來像是口號的東西，卻真的落實在課堂中。

——《小國也可以偉大》

國家圖書館出版品預行編目資料

小國也可以偉大：我在奧地利生活學習的第一手觀察 / 楊佳恬著. -- 初版. -- 臺北市：圓神, 2018.04
272 面；14.8×20.8公分 --（圓神文叢；229）

ISBN 978-986-133-649-7（平裝）
1.社會生活 2.生活方式 3.奧地利
744.13 107002693